U0520558

六度集经

中国佛学经典宝藏

87

梁晓虹 释译

星云大师总监修

人民东方出版传媒
东方出版社

图书在版编目（CIP）数据

六度集经／梁晓虹 释译．—北京：东方出版社，2019.11
（中国佛学经典宝藏）
ISBN 978-7-5060-8551-9

Ⅰ.①六… Ⅱ.①梁… Ⅲ.①大乘—佛经②《六度集经》—注释③《六度集经》—译文 Ⅳ.① B942.1

中国版本图书馆 CIP 数据核字（2015）第 250785 号

本书中文简体字版权由上海大觉文化传播有限公司独家授权出版
中文简体字版专有权属东方出版社

六度集经
（LIUDU JI JING）

释 译 者：	梁晓虹
责任编辑：	王梦楠
出　　版：	东方出版社
发　　行：	人民东方出版传媒有限公司
地　　址：	北京市朝阳区西坝河北里 51 号
邮　　编：	100028
印　　刷：	北京大兴县新魏印刷厂
版　　次：	2019 年 11 月第 1 版
印　　次：	2019 年 11 月第 1 次印刷
开　　本：	880 毫米 ×1230 毫米　1/32
印　　张：	10.75
字　　数：	182 千字
书　　号：	ISBN 978-7-5060-8551-9
定　　价：	55.00 元

发行电话：（010）85924663　85924644　85924641

版权所有，违者必究
如有印装质量问题，我社负责调换，请拨打电话：（010）85924602　85924603

《中国佛学经典宝藏》
大陆简体字版编审委员会

主任委员：赖永海

委　　员：(以姓氏笔画为序)

　　　　　王月清　王邦维　王志远　王雷泉

　　　　　业露华　许剑秋　吴根友　陈永革

　　　　　徐小跃　龚　隽　彭明哲　葛兆光

　　　　　董　群　程恭让　鲁彼德　温金玉

　　　　　潘少平　潘桂明　魏道儒

总序

星云

自读首楞严,从此不尝人间糟糠味;
认识华严经,方知已是佛法富贵人。

诚然,佛教三藏十二部经有如暗夜之灯炬、苦海之宝筏,为人生带来光明与幸福,古德这首诗偈可说一语道尽行者阅藏慕道、顶戴感恩的心情!可惜佛教经典因为卷帙浩瀚、古文艰涩,常使忙碌的现代人有义理远隔、望而生畏之憾,因此多少年来,我一直想编纂一套白话佛典,以使法雨均沾,普利十方。

一九九一年,这个心愿总算有了眉目。是年,佛光山在中国大陆广州市召开"白话佛经编纂会议",将该套丛书定名为《中国佛教经典宝藏》①。后来几经集思广

---

① 编者注:《中国佛教经典宝藏》丛书,大陆出版时改为《中国佛学经典宝藏》丛书。

益，大家决定其所呈现的风格应该具备下列四项要点：

一、启发思想：全套《中国佛教经典宝藏》共计百余册，依大乘、小乘、禅、净、密等性质编号排序，所选经典均具三点特色：

1. 历史意义的深远性
2. 中国文化的影响性
3. 人间佛教的理念性

二、通顺易懂：每册书均设有原典、注释、译文等单元，其中文句铺排力求流畅通顺，遣词用字力求深入浅出，期使读者能一目了然，契入妙谛。

三、文简意赅：以专章解析每部经的全貌，并且搜罗重要的章句，介绍该经的精神所在，俾使读者对每部经义都能透彻了解，并且免于以偏概全之谬误。

四、雅俗共赏：《中国佛教经典宝藏》虽是白话佛典，但亦兼具通俗文艺与学术价值，以达到雅俗共赏、三根普被的效果，所以每册书均以题解、源流、解说等章节，阐述经文的时代背景、影响价值及在佛教历史和思想演变上的地位角色。

兹值佛光山开山三十周年，诸方贤圣齐来庆祝，历经五载、集二百余人心血结晶的百余册《中国佛教经典宝藏》也于此时隆重推出，可谓意义非凡，论其成就，则有四点可与大家共同分享：

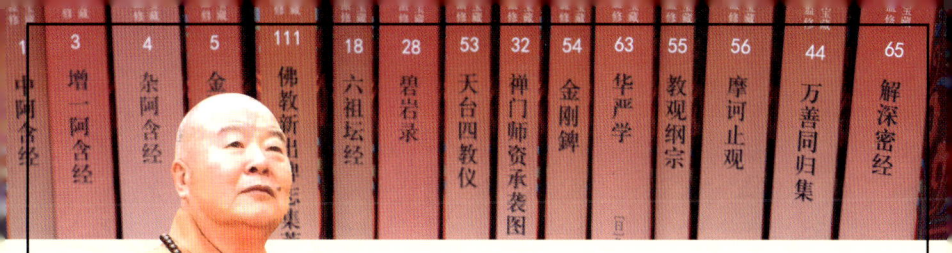

3	4	5	111	18	28	53	32	54	63	55	56	44	65
中阿含经	增一阿含经	杂阿含经	金	佛教新中华…	六祖坛经	碧岩录	天台四教仪	禅门师资承袭图	金刚錍	华严学	教观纲宗	摩诃止观	万善同归集	解深密经

《中国佛学经典宝藏》

华人佛学界顶级专家团队编撰。大陆首次引进简体中文版。

读得懂，买得起，藏得下的"白话精华大藏经"。

星云大师 总监修

"人间佛教"的践行本

《中国佛学经典宝藏》白话版系列丛书，共计132册，由星云大师总监修，大陆、台湾百余专家学者通力编撰而成。

丛书依大乘、小乘、禅、净、密等性质编号排序，将古来经律论中之经典著作，依据思想性、启发性、教育性、人间性的原则，做了取其精华、舍其艰涩的系统整理。每种经典都按原文、注释、译文等体例编排，语言力求通俗易懂、言简意赅，让佛学名著真正做到雅俗共赏；还以题解、源流、解说等章节，阐述经文的时代背景、影响价值及在佛教历史和思想演变上的地位角色。丛书还开创性地收录了一些有代表性的现代读本。

专家推荐

星云大师常常说，佛学不是少数人的专利，它应该是每一个人都能够接触的。这套书推动了白话佛学经典的完成。

——**依空法师**

佛光山长老，文学博士，印度哲学博士

星云大师对编修《中国佛学经典宝藏》非常重视，对经典进行注、译，包括版本源流梳理，这对一般人去看经典、理解经典的思想，是有帮助的。

——**赖永海**

南京大学教授，旭日佛学研究中心主任

《中国佛学经典宝藏》精选了很多篇目，是能够把佛法的精要，比较全面地给予介绍。

——**王志远**

中国社会科学院研究生院导师，中国宗教协会副会长

传统大藏经 VS 中国佛学经典宝藏

	传统大藏经	VS	中国佛学经典宝藏
第一回合	**卷帙浩繁** 普通人阅读没头绪、没耐力、看不懂。	VS	**精华集萃** 星云大师亲选132种书目，提纲挈领，方便读经。
第二回合	**古文艰涩 繁体竖排** 佛经文辞晦涩，多用繁体竖排版：读经门槛高。	VS	**白话精译 简体横排** 经典原文搭配白话精译，既可直通经文，又可研习原典。
第三回合	**经义玄奥 难尝法味** 微言大义，法义幽微，没有明师指引难理解。	VS	**专家注解 普利十方** 华人佛学界顶级专家精注精解，一通百通。

《中国佛学经典宝藏》目录

编号	书名	编号	书名	编号	书名
1	中阿含经	45	维摩诘经	89	法句经
2	长阿含经	46	药师经	90	本生经的起源及其开展
3	增一阿含经	47	佛堂讲话	91	人间巧喻
4	杂阿含经	48	信愿念佛	92	大乘本心心地观经
5	金刚经	49	精进佛七开示录	93	南海寄归内法传
6	般若心经	50	往生有分	94	入唐求法巡礼记
7	大智度论	51	法华经	95	大唐西域记
8	大乘玄论	52	金光明经	96	比丘尼传
9	十二门论	53	天台四教仪	97	弘明集
10	中论	54	金刚錍	98	出三藏记集
11	百论	55	教观纲宗	99	牟子理惑论
12	肇论	56	摩诃止观	100	佛国记
13	辩中边论	57	法华思想	101	宋高僧传
14	空的哲理	58	华严经	102	唐高僧传
15	金刚经讲话	59	圆觉经	103	梁高僧传
16	人天眼目	60	华严五教章	104	异部宗轮论
17	大慧普觉禅师语录	61	华严金师子章	105	广弘明集
18	六祖坛经	62	华严原人论	106	辅教编
19	天童正觉禅师语录	63	华严学	107	释迦牟尼佛传
20	正法眼藏	64	华严经讲话	108	中国佛教名山胜地寺志
21	永嘉证道歌·信心铭	65	解深密经	109	敕修百丈清规
22	祖堂集	66	楞伽经	110	洛阳伽蓝记
23	神会语录	67	胜鬘经	111	佛教新出碑志集萃
24	指月录	68	十地经论	112	佛教文学对中国小说的影响
25	从容录	69	大乘起信论	113	佛遗教三经
26	禅宗无门关	70	成唯识论	114	大般涅槃经
27	景德传灯录	71	唯识四论	115	地藏本愿经外二部
28	碧岩录	72	佛性论	116	安般守意经
29	缁门警训	73	瑜伽师地论	117	那先比丘经
30	禅林宝训	74	摄大乘论	118	大毗婆沙论
31	禅林象器笺	75	唯识史观及其哲学	119	大乘大义章
32	禅门师资承袭图	76	唯识三颂讲记	120	因明入正理论
33	禅源诸诠集都序	77	大日经	121	宗镜录
34	临济录	78	楞严经	122	法苑珠林
35	来果禅师语录	79	金刚顶经	123	经律异相
36	中国佛学特质在禅	80	大佛顶首楞严经	124	解脱道论
37	星云禅话	81	成实论	125	杂阿毗昙心论
38	禅话与净话	82	俱舍要义	126	弘一大师文集选要
39	释禅波罗蜜次第法门	83	佛说梵网经	127	《沧海文集》选集
40	般舟三昧经	84	四分律	128	《劝发菩提心文》讲话
41	净土三经	85	戒律学纲要	129	佛经概说
42	佛说弥勒上生下生经	86	优婆塞戒经	130	佛教的女性观
43	安乐集	87	六度集经	131	涅槃思想研究
44	万善同归集	88	百喻经	132	佛学与科学论文集

深入经藏,智慧如海。

手机淘宝
扫一扫

本套佛学经典适合系统的修习、诵读和佛堂珍藏。
咨询电话:尤冲 010-8592 4661

一、佛教史上的开创之举：民国以来的白话佛经翻译虽然很多，但都是法师或居士个人的开示讲稿或零星的研究心得，由于缺乏整体性的计划，读者也不易窥探佛法之堂奥。有鉴于此，《中国佛教经典宝藏》丛书突破窠臼，将古来经律论中之重要著作，做有系统的整理，为佛典翻译史写下新页！

二、杰出学者的集体创作：《中国佛教经典宝藏》丛书结合中国大陆北京、南京各地名校的百位教授、学者通力撰稿，其中博士学位者占百分之八十，其他均拥有硕士学位，在当今出版界各种读物中难得一见。

三、两岸佛学的交流互动：《中国佛教经典宝藏》撰述大部分由大陆饱学能文之教授负责，并搜录台湾教界大德和居士们的论著，借此衔接两岸佛学，使有互动的因缘。编审部分则由台湾和大陆学有专精之学者从事，不仅对中国大陆研究佛学风气具有带动启发之作用，对于台海两岸佛学交流更是帮助良多。

四、白话佛典的精华集萃：《中国佛教经典宝藏》将佛典里具有思想性、启发性、教育性、人间性的章节做重点式的集萃整理，有别于坊间一般"照本翻译"的白话佛典，使读者能充分享受"深入经藏，智慧如海"的法喜。

今《中国佛教经典宝藏》付梓在即，吾欣然为之作序，并借此感谢慈惠、依空等人百忙之中，指导编修；吉广舆等人奔走两岸，穿针引线；以及王志远、赖永海等大陆教授的辛勤撰述；刘国香、陈慧剑等台湾学者的周详审核；满济、永应等"宝藏小组"人员的汇编印行。他们的同心协力，使得这项伟大的事业得以不负众望，功竟圆成！

《中国佛教经典宝藏》虽说是大家精心擘划、全力以赴的巨作，但经义深邃，实难尽备；法海浩瀚，亦恐有遗珠之憾；加以时代之动乱，文化之激荡，学者教授于契合佛心，或有差距之处。凡此失漏必然甚多，星云谨以愚诚，祈求诸方大德不吝指正，是所至祷。

一九九六年五月十六日于佛光山

原版序
敲门处处有人应

《中国佛教经典宝藏》是佛光山继《佛光大藏经》之后，推展人间佛教的百册丛书，以将传统《大藏经》精华化、白话化、现代化为宗旨，力求佛经宝藏再现今世，以通俗亲切的面貌，温渥现代人的心灵。

佛光山开山三十年以来，家师星云上人致力推展人间佛教，不遗余力，各种文化、教育事业蓬勃创办，全世界弘法度化之道场应机兴建，蔚为中国现代佛教之新气象。这一套白话精华大藏经，亦是大师弘教传法的深心悲愿之一。从开始构想、擘划到广州会议落实，无不出自大师高瞻远瞩之眼光，从逐年组稿到编辑出版，幸赖大师无限关注支持，乃有这一套现代白话之大藏经问世。

这是一套多层次、多角度、全方位反映传统佛教文化的丛书，取其精华，舍其艰涩，希望既能将《大藏经》

深睿的奥义妙法再现今世,也能为现代人提供学佛求法的方便舟筏。我们祈望《中国佛教经典宝藏》具有四种功用:

一、是传统佛典的精华书

中国佛教典籍汗牛充栋,一套《大藏经》就有九千余卷,穷年皓首都研读不完,无从赈济现代人的枯槁心灵。《宝藏》希望是一滴浓缩的法水,既不失《大藏经》的法味,又能有稍浸即润的方便,所以选择了取精用弘的摘引方式,以舍弃庞杂的枝节。由于执笔学者各有不同的取舍角度,其间难免有所缺失,谨请十方仁者鉴谅。

二、是深入浅出的工具书

现代人离古愈远,愈缺乏解读古籍的能力,往往视《大藏经》为艰涩难懂之天书,明知其中有汪洋浩瀚之生命智慧,亦只能望洋兴叹,欲渡无舟。《宝藏》希望是一艘现代化的舟筏,以通俗浅显的白话文字,提供读者遨游佛法义海的工具。应邀执笔的学者虽然多具佛学素养,但大陆对白话写作之领会角度不同,表达方式与台湾有相当差距,造成编写过程中对深厚佛学素养与流畅白话语言不易兼顾的困扰,两全为难。

三、是学佛入门的指引书

佛教经典有八万四千法门,门门可以深入,门门是无限宽广的证悟途径，可惜缺乏大众化的入门导览，不易寻觅捷径。《宝藏》希望是一支指引方向的路标，协助十方大众深入经藏，从先贤的智慧中汲取养分，成就无上的人生福泽。

四、是解深入密的参考书

佛陀遗教不仅是亚洲人民的精神归依，也是世界众生的心灵宝藏。可惜经文古奥，缺乏现代化传播，一旦庞大经藏沦为学术研究之训诂工具，佛教如何能扎根于民间？如何普济僧俗两众？我们希望《宝藏》是百粒芥子，稍稍显现一些须弥山的法相，使读者由浅入深，略窥三昧法要。各书对经藏之解读诠释角度或有不足，我们开拓白话经藏的心意却是虔诚的，若能引领读者进一步深研三藏教理，则是我们的衷心微愿。

大陆版序一

《中国佛教经典宝藏》是一套对主要佛教经典进行精选、注译、经义阐释、源流梳理、学术价值分析，并把它们翻译成现代白话文的大型佛学丛书，成书于二十世纪九十年代，由台湾佛光文化事业有限公司出版，星云大师担任总监修，由大陆的杜继文、方立天以及台湾的星云大师、圣严法师等两岸百余位知名学者、法师共同编撰完成。十几年来，这套丛书在两岸的学术界和佛教界产生了巨大的影响，对研究、弘扬作为中国传统文化重要组成部分的佛教文化，推动两岸的文化学术交流发挥了十分重要的作用。

《中国佛学经典宝藏》则是《中国佛教经典宝藏》的简体字修订版。之所以要出版这套丛书，主要基于以下的考虑：

首先，佛教有三藏十二部经、八万四千法门，典籍浩瀚，博大精深，即便是专业研究者，穷其一生之精力，恐也难阅尽所有经典，因此之故，有"精选"之举。

其次，佛教源于印度，汉传佛教的经论多译自梵语；加之，代有译人，版本众多，或随音，或意译，同一经文，往往表述各异。究竟哪一种版本更契合读者根机？哪一个注疏对读者理解经论大意更有助益？编撰者除了标明所依据版本外，对各部经论之版本和注疏源流也进行了系统的梳理。

再次，佛典名相繁复，义理艰深，即便识得其文其字，文字背后的义理，诚非一望便知。为此，注译者特地对诸多冷僻文字和艰涩名相，进行了力所能及的注解和阐析，并把所选经文全部翻译成现代汉语。希望这些注译，能成为修习者得月之手指、渡河之舟楫。

最后，研习经论，旨在借教悟宗、识义得意。为了将其思想义理和现当代价值揭示出来，编撰者对各部经论的篇章品目、思想脉络、义理蕴涵、学术价值等所做的发掘和剖析，真可谓殚精竭虑、苦心孤诣！当然，佛理幽深，欲入其堂奥、得其真义，诚非易事！我们不敢奢求对于各部经论的解读都能鞭辟入里，字字珠玑，但希望能对读者的理解经义有所启迪！

习近平主席最近指出："佛教产生于古代印度，但传入中国后，经过长期演化，佛教同中国儒家文化和道家文化融合发展，最终形成了具有中国特色的佛教文化，给中国人的宗教信仰、哲学观念、文学艺术、礼仪习俗等留下了深刻影响。"如何去研究、传承和弘扬优秀佛教文化，是摆在我们面前的一个重要课题，人民东方出版传媒有限公司拟对繁体字版的《中国佛教经典宝藏》进行修订，并出版简体字版的《中国佛学经典宝藏》，随喜赞叹，寥寄数语，以叙因缘，是为序。

二〇一六年春于南京大学

大陆版序二

依空

身材高大、肤色白皙、擅长军事的亚利安人，在公元前四千五百多年从中亚攻入西北印度，把当地土著征服之后，为了彻底统治这里的人民，建立了牢不可破的种姓制度，创造了无数的神祇，主要有创造神梵天、破坏神湿婆、保护神毗婆奴。人们的祸福由梵天决定，为了取悦梵天大神，需要透过婆罗门来沟通，因为他们是从梵天的口舌之中生出，懂得梵天的语言——繁复深奥的梵文，婆罗门阶级是宗教祭祀师，负责教育，更掌控了神与人之间往来的话语权。四种姓中最重要的是刹帝利，举凡国家的政治、经济、军事、文化等等都由他们实际操作，属贵族阶级，由梵天的胸部生出。吠舍则是士农工商的平民百姓，由梵天的膝盖以上生出。首陀罗则是被踩在梵天脚下的土著。前三者可以轮回，纵然几世轮转都无法脱离原来种姓，称为再生族；首陀罗则连轮回的因缘都没有，为不生族，生生世世为首陀罗，子孙也倒霉跟着宿命，无法改变身份。相对于此，贱民比首陀罗更为卑微、低贱，连四种姓都无法跻身其中，只能从事挑粪、焚化尸体等最卑贱、龌龊的工作。

出身于高贵种姓释迦族的悉达多太子，为了打破种姓制度的桎梏，舍弃既有的优越族姓，主张一切众生皆平等，成正等觉，创立了佛教僧团。为了贯彻佛教的平等思想，佛陀不仅先度首陀罗身份的优婆离出家，后度释迦族的七王子，先入山门为师兄，树立僧团伦理制度。佛陀更严禁弟子们用贵族的语言——梵文宣讲佛法，而以人民容易理解的地方口语来演说法义，这就是巴利文经典的滥觞。佛陀认为真理不应该是属于少数贵族、知识分子的专利或装饰，而应该更贴近普罗大众，属于平民百姓共有共知。原来佛陀早就在推动佛法的普遍化、大众化、白话化的伟大工作。

佛教从西汉哀帝末年传入中国，历经东汉、魏晋南北朝、隋唐的漫长艰巨的译经过程，加上历代各宗派祖师的著作，积累了庞博浩瀚的汉传佛教典籍。这些经论义理深奥隐晦，加以书写的语言文字为千年以前的古汉文，增加现代人阅读的困难，只能望着汗牛充栋的三藏十二部扼腕慨叹，裹足不前。

如何让大众轻松深入佛法大海，直探佛陀本怀？佛光山开山宗长星云大师乃发起编纂《中国佛教经典宝藏》。一九九一年,先在大陆广州召开"白话佛经编纂会议",订定一百本的经论种类、编写体例、字数等事项,礼聘中国社科院的王志远教授、南京大学的赖永海教授分别为中国大陆北方与南方的总联络人,邀请大陆各大学的佛教学者撰文,后来增加台湾部分的三十二本,是为一百三十二册的《中国佛教经典宝藏精选白话版》,于一九九七年,作为佛光山开山三十周年的献礼,隆重出版。

六七年间我个人参与最初的筹划,多次奔波往来于大陆与台湾,小心谨慎带回作者原稿,印刷出版、营销推广。看到它成为佛教徒家中的传家宝藏,有心了解佛学的莘莘学子的入门指南书,为星云大师监修此部宝藏的愿心深感赞叹,既上契佛陀"佛法不舍一众"的慈悲本怀,更下启人间佛教"普世益人"的平等精神。尤其可喜者,欣闻坝大陆出版方东方出版社潘少平总裁、彭明哲副总编亲自担纲筹划,组织资深编辑精校精勘;更有旅美企业家鲁彼德先生事业有成之际,秉"十方来,十方去,共成十方事"之襟怀,促成简体字版《中国佛学经典宝藏》的刊行。今付梓在即,是为序,以表随喜祝贺之忱!

二〇一六年元月

目 录

题 解 001

经典 011

1 布施度无极的故事 013
　　萨波达王的故事 017
　　穷人的故事 020
　　富翁仙叹的故事 025
　　长寿王的故事 030
　　须大拏太子的故事 040
　　鹿王的故事 071
　　天鹅的故事 076
　　兔王的故事 077
　　大富翁的故事 080
2 戒度无极的故事 092
　　象王的故事 095

兄长（猕猴）的故事　098

墓魄太子的故事　101

顶生王的故事　108

国王的故事　117

童子的故事　121

3　忍辱度无极的故事　124

睒道士的故事　129

猕猴的故事　133

龙的故事　135

盘达龙王的故事　138

雀王的故事　145

六年守饥脱罪的故事　147

羼提和梵志的故事　153

国王的故事　159

4　精进度无极的故事　167

猕猴王的故事　169

修凡鹿王的故事　171

驱耶马王的故事　176

鸽王的故事　179

天帝释的故事　181

女人求愿的故事　186

然灯授决的故事　192

5 禅定度无极的故事　197
　　太子禅定的故事（上）　204
　　太子禅定的故事（中）　206
　　太子禅定的故事（下）　212
　　佛禅定的故事　218
　　比丘禅定的故事　223
6 智慧度无极的故事　227
　　普通人的故事　227
　　儒童授决的故事　231
　　阿离念弥的故事　239
　　摩调王的故事　249
　　梵摩皇的故事　258

源　流　263

解　说　283

参考书目　313

题解

六度与六度集经

"六度"是大乘佛教菩萨行的根本内容。

大乘佛教认为,没有众生的解脱,也就没有个人的真正解脱,所以提出了"救苦救难""普度众生"的口号,而"以智上求菩提,用悲下救众生"的菩萨是这个口号的具体实施者。

菩萨的修行叫"菩萨行",其最基本的特征是寓自我解脱于救苦救难、普度众生之中。立志修"菩萨行"的修行者们修习无量法门,以期"究竟涅槃"。那么,这"无量法门"中最根本、最主要的又是什么呢?这就是"六度",亦即"六波罗蜜"。

"六度"的"度"是梵文 Pāramitā（波罗蜜多）的音译。"波罗蜜多"又译作"度彼岸""到彼岸""度无极"。"六度"也作"六度无极""六到彼岸"。意谓度众生到涅槃彼岸的六种途径和方法，具体即布施、持戒、忍辱、精进、禅定和智慧。

《六度集经》即是围绕大乘佛教所说的这六度的内容而分类编译的佛经。全经共八卷，按六度分为六章：一布施度无极章；二戒度无极章；三忍辱度无极章；四精进度无极章；五禅度无极章；六明度无极章。前五章前面皆有序言，概论佛教教义，然后按类编排佛经。共收佛经九十一篇。

据说释迦牟尼成佛以前，是菩萨中的典范；他做菩萨经历过三界五道无数劫，其全部业行，就是理想的菩萨行。《六度集经》九十一篇中，其中有八十一篇是讲述佛陀前无数世修行的故事，所以，实际上《六度集经》是将佛陀前世身为菩萨时修菩萨行的故事和寓言组织到了"六度"这一大乘公认的修习体系中。《六度集经》从而也就成为大乘佛教的重要经典之一，是领会"自度度他"菩萨精神，了解"六度"菩萨行根本内容的不可缺少的经典。

从佛经体例上看，《六度集经》属于佛本生经，主要叙述佛在前生历世轮回中所行的道德功业故事，以阐明大乘佛教六度的内容。它采用通俗、生动的寓言和故事形式，将六度的内容具体化、形象化，使经义深入浅出，符合传教的需要，且拥有较多读者，这在中国早期大乘佛教的传播、发展中，起了相当大的作用。而九十一个寓言和故事，大多情节生动、形象感人，是佛典文学中的精品，在文学史的研究中也有一定的价值。

节选内容大要

本书精选了四十篇佛经，从内容看主要包含以下几类：

1. 本生经中有不少动物寓言，多是从民间口头文学中借用的，它们短小精悍、生动形象，被取来为佛门所用，成为佛经后，一个寓言说明一个道理，大多都仍不失其原有的光彩。而寓言本身的文学魅力自然又能很好地帮助人们加深对佛教教义的理解。释迦牟尼佛与他的弟子们前无数世中曾各因宿业不同，或为人，或为天，或为动物等等。菩萨身为动物修菩萨行的一些经，往往短小生动，我们选了一部分，如"布施度无极"中的《鹿王本生》《鹄鸟本生》《兔王本生》、"戒度无极"中的《兄（猕猴）本生》《象王本生》、"忍辱度无极"中的《猕猴本生》《龙本生》《雀王本生》、"精进度无极"

中的《猕猴王本生》《马王本生》《鸽王本生》等均属此类。其中《鹄鸟本生》是一篇只有一百四十七个字的故事，但正是在这个可谓"微型"的短篇中，通过天鹅"裂腋下肉"以济三子命，而三子觉知后，"宁殒吾命，不损母体"，从而感动天神，得以助佑的故事，来表现佛从前为菩萨时，与他的三个高足——舍利弗、目连、阿难以大慈大悲之心救助群生，不惜自我牺牲的道德行为。文字虽少，篇幅虽短，但其情节之生动、感人，所要表现的菩萨"慈惠行布施度无极"的崇高精神却表现得淋漓尽致。

2. 与前者相对应，我们还选了一些较长的故事。这些故事的主人公大多为国王、太子、梵志、道士、富人、穷人、普通人，他们都曾是菩萨的前身。这些部分大都情节复杂，故事感人。如"布施度无极"中的《长寿王本生》《须大拏太子本生》《理家本生》，"戒度无极"中的《墓魄太子本生》《顶生王本生》，"忍辱度无极"中的《睒道士本生》《国王本生》《羼提和梵志本生》，"精进度无极"中的《帝释本生》《妇人本生》《独母本生》，"明度无极"中的《儒童梵志本生》《南王本生》等属此类。其中《须大拏太子本生》篇幅最长，而情节又跌宕起伏，扣人心弦。须大拏太子为行布施而遭父王摈逐，愍而不怨。携子带妻进深山，既而又施出了所有的一切，乃至亲生骨肉、结发妻子，这样的一种坚定不移的信念、无私无我的牺牲精神使"天地卒然大动，人鬼靡不惊焉"。即使两千多年后今天我们的读者，只要善心信佛，谁会不为之深深感动？谁会不产生敬仰之心？而整个故事的情节展开、人物心理刻画、场面描写等等，从文学作品的角度去分析，也不失为佛典文学中的佳作。

此外，我们还选了作为佛教创始人释迦牟尼的真实的故事，如"禅度无极"中《太子得禅》（上）（中）（下）篇就是释迦牟尼来成佛时的真实的故事。从悉达多太子出生到太子四次出游的默思静想，最后到太子出家修道六年，在尼连禅河边的菩提树下得道成佛。这些故事，一般的信徒、大多的读者都比较熟悉，现被组织到"六度"的"禅度无极"中，以佛陀本人的经历来说明"禅定"的内容、意义，就更使人有亲切感，更有其说服力。我们还选了几篇释迦牟尼的其他传说，如"忍辱度无极"中的《国王本生》通过一个梵志未先告而饮某国"种莲华池水"，后来意悟而自首于王，但不被国王重视，将他忘置于花园之中六日，梵志因此饥饿六日的故事，巧妙地将悉达多太子出家后修六年苦行与罗睺罗六年在胎因及瞿夷在太子成道之夜生出罗睺罗的种种因缘、传说串联起来。而"明度无极"中《儒童梵志本生》，实际是将佛本生故事中的"借花献佛""燃灯佛为善慧仙人授记"等又重新组织、编串，用以说明"明"——"智慧"的含义。因这些故事本身都曾熟悉，读之亲切感人，思之信而有征。

3.本书全部保留了原著前五章的序言，仍置之各章之前，因这是分别概论六度教义的，是原著的精髓。因具体内容不同而长短不一，其中"禅度无极"中的《得禅法》最长，详述获得四禅的方法及其结果，尤为宝贵。为了能加深理解，我们还选了《比丘得禅》，这实际是针对一般的禅定修习者而言的，具体而又实用。"明度无极"原著就无序，我们选了《阿离念弥长者本生》，其中有念弥为弟子们说的一长段经文，基本内容是关于生命短促、诸法无常的，后还有佛对于人的寿命的具体描述。整篇虽故事性不强，但是对人生问题有较详尽、具体的论述，也可算作是概论教义的部分。

我们选了原著不到二分之一的篇幅。原著基本是在"六度"的框架下的故事汇编，所以未选的二分之一的部分从内容上看应是大同小异。无疑，它们也都是很精彩动人的，但限于篇幅我们不得不割爱。好在我们所精选的部分，已经完全能体现出原著的精神，概括出原著的全貌。

最后还要说明的是：原著共有八卷六章，其中"布施度无极章"有三卷。节选初分则按"六度"分六大部分，但"布施度无极"的篇幅最长，这与"布施"在"六度"中的重要性有关（详论见后）。而各部分中的故事排列顺序基本仍照原著，个别做了一些调整。

原典选自日本《大正新修大藏经》，其中错逗、错字等已尽可能做了修正。

编译者康僧会

《六度集经》的译者是三国吴时的康僧会。《六度集经》中的九十一篇经，并不全是康僧会自译，有的属前人所译，故我们称其为"编译者"更为妥当。

康僧会的祖先是康居（今哈萨克一带）人，世代早已移居天竺。其父经商，康僧会幼时就随父移居交趾（今越南一带）。十余岁时，父母双亡，服丧以后，遂出家为僧。

康僧会为人宏雅有识量，又笃志好学，不但明练三藏，且博览六典，还旁涉天文、地理、图纬诸学，文笔亦通畅有力，当时以博学著称。

康僧会对于中国佛教的一个主要贡献是在佛法东传初始的三国时期，冒着生命的危险大力弘扬佛法，对于推动佛教在江南的广泛流传起过重要作用。康僧会对于中国佛教的另一个贡献,是翻译佛经。他所译的经,一般说有二部十四卷。其中《六度集经》八卷、《旧杂譬喻经》二卷,现均存。另外,梁·僧祐《出三藏记集》卷十三及梁·慧皎《高僧传》卷一都载其所译《阿离念弥经》《镜面王经》《察微王经》《梵摩皇经》,均收在《六度集经》中,所以,它其实就是《六度集经》中小经的别录。例如在《六度集经》卷八,依然按照《阿离念弥经》《镜面王经》《察微王经》《梵摩皇经》的顺序收录,本书则选了《阿离念弥经》和《梵摩皇经》二篇。唐·智昇《开元释教录》卷二载其尚译有《吴品经》五卷、《菩萨净行经》二卷、《顺权方便经》一卷、《菩萨二百五十法经》一卷、《坐禅经》一卷,均佚。

此外,康僧会还曾为《安般守意经》《法镜经》《道树经》作注,并为三经撰写序文。从《安般守意经序》文中可了解到此经是由安世高的弟子会稽陈慧注义,康僧会协助陈慧通达其义理。

康僧会因早年就博览六经,文通理畅,所以他译的佛经《出三藏记集》卷十三、《高僧传》卷一都称"并妙得经体,文义允正";而他所制的经序,前两家又都誉"辞趣雅澹,义旨微密"。

经典

1 布施度无极的故事

原典

闻如是：一时佛在王舍国①鹞山中，时与五百应仪②、菩萨千人共坐。中有菩萨名阿泥察，佛说经道，常靖心侧听，寂然无念，意定在经。众祐③知之，为说菩萨六度无极难逮高行，疾得为佛。何谓为六？一曰布施，二曰持戒，三曰忍辱，四曰精进，五曰禅定，六曰明度无极高行。

布施度无极者，厥则云何？慈育人物，悲愍群邪，喜贤成度；护济众生，跨天逾地，润弘河海。布施众生，饥者食之，渴者饮之，寒衣热凉，疾济以药，车马舟舆、众宝名珍、妻子国土，索即惠之；犹太子须大拏④，布施贫乏，若亲育子，父王屏逐，愍而不怨。

昔者菩萨为大国王,号萨波达。布施众生,恣其所索,愍济厄难,常有悲怆。天帝释⑤睹王慈惠,德被十方。天神鬼龙佥然而曰:"天帝尊位初无常人,戒具行高,慈惠福隆,命尽神迁则为天帝。"惧夺己位,欲往试之,以照真伪。帝命边王⑥曰:"今彼人王慈润霶霈,福德巍巍,恐于志求夺吾帝位。尔化为鸽,疾之王所,佯恐怖求哀彼王。彼王仁惠必受尔归。吾当寻后从王索尔。王终不还,必当市肉,以当其处,吾诡不止。王意清真,许终不违,会自割身肉以当其重也。若其秤肉,随而自重,肉尽身痛,其必悔矣。意有悔者,所志不成。"

释即化为鹰,边王化为鸽,鸽疾飞趣于王足下,恐怖而云:"大王哀我,吾命穷矣!"王曰:"莫恐,莫恐,吾今活汝。"鹰寻后至,向王说曰:"吾鸽尔来,鸽是吾食,愿王相还。"王曰:"鸽来以命相归,已受其归。吾言守信终始无违。尔苟得肉,吾自足尔,令重百倍。"鹰曰:"吾唯欲鸽,不用余肉。岂王当相惠,而夺吾食乎?"王曰:"已受彼归,信重天地,何心违之乎?当以何物令汝置鸽欢喜去矣?"鹰曰:"若王慈惠必济众生者,割王肌肉,令与鸽等,吾欣而受之。"王曰:"大善!"即自割髀肉⑦秤之,令与鸽重等。鸽逾自重,自割如斯。身肉都尽,未与重等,身疮之痛其为无量。王以慈忍心愿鸽活，又命近臣曰："尔疾杀我，秤髓令与鸽重等。吾奉诸佛，受正真之重戒，济众生之危厄，虽有众邪之恼，犹若微风，焉能动太山乎？"鹰照王怀，守道不移，慈惠难齐，各复本身。帝释、边王稽首于地曰："大王，欲何志尚恼苦若兹？"人王曰："吾不志天帝释及飞行皇帝⑧之位。吾睹众生没于盲冥，不睹三尊⑨，不闻佛教，恣心于凶祸之行，投身于无择之狱⑩，睹斯愚惑，为之恻怆，誓愿求佛，拔济众生之困厄，令得泥洹⑪。"天帝惊曰："愚谓大王欲夺吾位，故相扰耳。将何救诲？"王曰："使吾身疮愈复如旧，令吾志尚布施济众行高逾今。"天帝即使天医神药传身，疮愈色力逾前，身疮斯须霍然都愈。释却稽首，绕王三匝欢喜而去。自是之后，布施逾前。菩萨慈惠度无极行布施如是。

注释

① **王舍国**：盖即王舍城，古印度摩揭陀国的都城。周围有灵鹫山等五山，为释迦世尊传教中心地之一。

② **五百应仪**：即五百罗汉。指常随释迦世尊听法的五百弟子。应仪为"阿罗汉"的旧译，意为其应人天供养之威仪。南朝梁僧祐《出三藏记集》卷一："旧经无

着果,亦应真,亦应仪。新经阿罗汉,亦言阿罗诃。"

③**众祐**:"世尊"的旧译,意为众德助成或众福助成。

④**须大拏**:Sudāna 的音译,也作"须达拏"等。意译作"善牙""善爱""善施"等。太子须大拏事详见后《须大拏太子本生》。

⑤**天帝释**:也称"帝释天""帝释""天帝"等。佛教护法神名。为忉利天(即三十三天)之主,居须弥山顶之善见城。

⑥**边王**:即帝释手下三十三天王中的一位。

⑦**髀肉**:大腿上的肉。

⑧**飞行皇帝**:转轮圣王的别名。据说此王即位,自天感得轮宝。此王转轮宝而降伏四方,故称"转轮圣王"。又因其能在空中飞行,故又别称"飞行皇帝"。

⑨**三尊**:即佛、法、僧三宝。《四十二章经》:"三尊者,佛、法、僧也。"

⑩**无择之狱**:即无择地狱,为"无间地狱"的古译。其义指造无间业之人,无论是谁,将一律押收此狱。

⑪**泥洹**:涅槃的旧译。

译文

我曾这样听佛说过:有一次佛与五百罗汉、一千位菩萨一起坐在王舍国的鹫山中。其中有位叫阿泥察的菩萨，一直恭恭敬敬地侧耳细听佛陀讲经说道，心绪宁静。没有丝毫杂念，一心一意唯专注于佛经。世尊明白他的心意，就为他讲说菩萨六度无极高行，以使其很快成佛。那么是哪六度呢？这就是一布施，二持戒，三忍辱，四精进，五禅定，六智慧。

所谓布施度无极，说的是什么呢？菩萨以大慈之心抚育人民，以大悲之心哀悯群生，从而使贤者得以超度，使众生获得济助，且菩萨对众生的布施，不受天地之限，恩惠润泽遍及江河湖海。遇见饥饿者施之以食，碰到口渴者授之以水，冷的人给衣服穿，热的人设法使之凉爽，患病有疾者用良药使其痊愈，至于车马舟船、珍宝奇物、妻子儿女、国家土地，只要别人需要，毫不犹豫立即施给，就像太子须大拏那样布施穷人，如双亲养育子女一般，即使被亲生父王摒弃驱逐，其情令人怜悯，但太子心中也毫无怨恨。

萨波达王的故事

从前，菩萨曾为一大国之国王，号萨波达。萨波达王对众生的痛苦灾难总是十分同情，为之伤感，尽其所有全力帮助。帝释见国王如此仁慈，大恩大德遍于十方。又听天神鬼龙都说："天帝之位尊贵无比，非平常之辈所能及。现萨波达王遵守戒律，品行高尚，慈悲仁惠，福德隆盛。如此之人王，命终之后，灵魂往生上天，就能成为天帝。"如此，帝释特别害怕萨波达王将来会夺去自己的尊位，所以就想去试探一下，看看到底是真还是假。于是，帝释便命令手下的一位天王道："现在，那人王慈悲贤仁，恩泽隆厚，福德巍巍，我怕他这么做，是为了篡夺我的帝位。你变成鸽子飞到他那里，装出害怕的样子求他可怜。那国王仁慈，一定会收留你。我随后而至，向他索讨。他如果最后不肯给，一定会买肉来作交换，我装不肯。国王如果心诚意真，既已许诺，就不会改变，他会从自己身上割下肉来以作抵偿。你随他秤肉之时，不断加重你自身的分量，待他肉尽身痛，定后悔无疑。只要他有悔意，他就不可能成功。"

于是，帝释化作一只老鹰，边王变成一只鸽子。鸽子一阵疾飞，很快就来到萨波达王的脚边，一副恐怖万分的样子，道："大王可怜可怜我，我没命了。"国王道："别怕！别怕！现在有我救你。"老鹰随后很快也到了，对国王道："我的鸽子怎么跑到你这儿来了？此鸽是我的食物，希望你还给我。"国王道："鸽子来我这里是以命相归，我已收留了它。我说话算数，不能言而无信。如果你想要肉的话，我可以超出百倍地给你。"老鹰却说："我只要鸽子肉，不要别的肉。难道你做国王的就该施恩惠于它,却夺走我的口中之食吗?"国王道:"我已接受了鸽子的请求,信誉之重,犹如天地,我怎么能出尔反尔呢?但有什么东西能让你放弃鸽子而又开开心心地回去呢?"老鹰道:"如果国王真有慈惠之心,一定要救度众生的话,那么,割下您身上的肌肉,分量与鸽重相等,我会欣然接受。"国王道:"太好了!"于是真的从大腿上割下肉来,放在秤上称。但鸽子却在暗中不断加重自身的重量,所以国王就只好不断地这么割。最后,身上的肉全割完了,还不能与鸽重相等,身上已疼痛无比。这位充满慈忍之心的国王为了救活那只可怜的鸽子,又命令身边大臣道:"你快把我杀了,把我的骨头也加上去,使能与鸽重相等。我敬奉诸佛,接受真正重戒,帮助众生脱离危险、灾难,虽有如此之多的邪灾异祸,但就像一阵轻风,怎能动摇得了大山?"老鹰见国王守道坚定不移,慈惠无与伦比,与鸽子各自都现了本相,跪拜于地道:"大王能忍受如此无量痛苦,到底图什么呢?"国王道:"我不想当天帝,也不想做转轮圣王。只是我见芸芸众生沉没于黑暗之中,不见三宝,也不知佛教,无拘放纵而为非作歹,自作恶业而堕无间地狱,我深为众生如此之愚昧而悲伤,所以立誓愿求佛,拔除众生苦难危厄,帮助他们得以涅槃。"天帝听完这席话后,大惊道:"我还以为大王是想夺我的位置，所以来捣乱。现有何吩咐、教诲？"国王道："治好我身上的创伤，使我今后布施众生的志向、德行超过现在。"天帝立即派天医用神药敷国王全身，刹那间创伤痊愈，气色、力量都比原来更好。帝释退后向国王稽首礼拜，绕国王三圈而后欢欢喜喜地走了。而萨波达国王从此之后对众生的布施又超过从前。菩萨就是这样慈惠行布施度无极。

穷人的故事

原典

昔者菩萨贫窭尤困，与诸商人俱之他国。其众皆有信佛之志，布施穷乏，济度众生。等人①佥曰："众皆慈惠，尔将何施？"答曰："夫身假借之类②靡不弃捐。吾睹海鱼，巨细相吞，心为怆怆③。吾当以身代其小者，令得须臾之命也。"即自投海。海大鱼饱，小者得活。魂灵化为鳣鱼之王，身有数里。海边有国，其国枯旱，黎庶饥馑，更相吞啖。

鱼为流泪曰："众生扰扰④，其苦痛哉！吾身有数里之肉，可供黎民旬月之乏。"即自荡身上于国渚。举国啖之以存生命。辇⑤肉数月而鱼犹生。天神下曰："尔为忍苦，其可堪哉？何不放寿，可离斯痛也。"鱼曰：

"吾自绝命，神逝身腐，民后饥馑将复相啖，吾不忍睹，心为其感矣！"天曰："菩萨怀慈难齐。尔必得佛，度苦众生矣。"有人以斧斫⑥取其首，鱼时死矣。

魂灵即感为国王，生有上圣之明，四恩⑦弘慈，润齐二仪⑧，愍民困穷，言之哽咽。然国尚旱，靖心斋肃，退食绝献，顿首悔过曰："民之不善，咎在我身，愿丧吾命，惠民雨泽。"日日哀恸，犹至孝之子遭圣父之丧矣。精诚达远，即有诸佛五百人来之其国界。王闻心喜，奉迎稽首，请归正殿。皇后、太子靡不肃虔，最味法服⑨供足所乏。五体投地稽首叩头，涕泣而曰："吾心秽行浊，不合三尊四恩之教，苦酷人民。罪当伐己，流被下劣。枯旱累载，黎庶饥馑，怨痛伤情。愿除民灾，以祸罪我。"诸佛曰："尔为仁君，慈恻仁惠，德齐帝释，诸佛普知。今授汝福，慎无戚也。"

便疾敕民皆令种谷。王即如命。男女就业，家无不修。稻化为蓏⑩，农臣以闻。王曰："须熟。"蓏实覆国，皆含稻穬⑪，中容数斛⑫。其味芯芬，香闻一国。举国欣怿，叹咏王德。四境仇国皆称臣妾。黎民云集，国界日长。率土持戒，归命三尊。王及臣民寿终之后皆生天上。

佛言："时贫人者吾身是也，累劫仁惠，拯济众生，功不徒朽，今果得佛，号天中天⑬，为三界雄⑭。菩萨慈惠度无极行布施如是。"

注释

①**等人**：犹众人。

②**身假借之类**：指人之身为众缘假和合之物。因是和合而成，故只可一时不能永久，所以是"假借"。

③**怆怆**：忧伤悲痛貌。

④**扰扰**：纷乱貌。

⑤**辇**：犹运。

⑥**斫**：犹砍。

⑦**四恩**：四种恩德。有两种说法：（一）父母恩、众生恩、国王恩、三宝恩；（二）父母恩、师长恩、国王恩、施主恩。

⑧**二仪**：可指天地，也可指日月。

⑨**最味法服**：指法食与法衣。佛法中食物有法制，依其法制之食，叫法食；应法而做之衣，称法衣。法衣一般就指袈裟。唐道宣《四分律行事钞》卷下："《增一》云：'如来所着衣名曰袈裟，所食者名为法食。'"

⑩**蓏**：瓜类等蔓生植物的果实。

⑪**穬**：一种有芒的谷物。稻穬即泛指稻麦等粮食作物。

⑫**斛**：量器名。古代以十斗为一斛。

⑬**天中天**：佛之尊号。天为人所尊，佛又为天所

尊，故称。

⑭**三界雄**：佛之德称。佛能降伏一切魔障，为三界中之大雄。

译文

从前，菩萨贫困交加，与许多商人一起来到另外一个国家谋生。众商人都信佛，志愿布施穷乏，济度众生。于是，众人就对菩萨道："大家都有慈惠之心，那么你又施舍什么呢？"答道："身体本就是四大和合而成之物，没有什么不能舍弃的。我见那海里的鱼大大小小相互吞食，于心不忍。我将用身体来替代那些小鱼，让他们能保全短暂的生命。"说完，即跳入海中。海里的大鱼有了足够的食物，小鱼则得以活命。菩萨身体虽被鱼吃光，但灵魂却化作鳣鱼之王，身子有好几里长。海边有个国家，正遭受干旱之灾，百姓饥荒无食，最后就只能人吃人。

鳣鱼王深为之忧伤，流着眼泪道："众生遭灾乱成一片，那是多么痛苦啊！我身上的肉有好几里长，可为百姓提供差不多一个月的食粮。"说完，就跳上岸去，全国的百姓就靠吃这鱼肉而维持生命。人们都到岸边运鱼肉，一连几个月，鱼还没死。天神下来对鱼王道：

"这样的苦难，你能忍受得了吗？为什么不干脆一死，也可彻底脱离这种痛苦。"鱼王道："我要是一死，灵魂消逝，身体腐烂，以后百姓饥荒又会相互吞食，我实在不忍心见到这种惨状，所以非常伤感。"天神感叹道："菩萨之慈悲真是无人能比，您一定会成佛，度脱这些苦难的众生。"有个人用斧子砍下了鱼王的头，鱼当即死去。

但灵魂又感化而为一国之王。国王天生就具圣贤之明德，四恩宏远达于八方，恩泽隆厚能齐天地。国王怜悯百姓的穷困，每每言及，都哽咽不止。但当时国家仍然大旱，国王于是恭敬设斋，拒绝饮食，不纳供献，顿首悔过道："百姓之不善，全应归咎于我。若能对百姓有利有惠，我宁以命抵。"国王就这样天天哀痛恸哭，犹如至孝之子丧父一般。国王的诚意、精神传得很远，当即有五百位佛来到此国边界。国王知道后，心中大喜，赶紧礼拜奉迎，把诸佛请到了正殿。皇后、太子莫不虔诚恭敬，向诸佛供奉法食、袈裟等。国王五体投地，叩头礼拜，涕泣而道："我内心污秽、行为不净，不合三宝四恩之教化，使人民受苦受难。我因此罪该当受罚，应被贬为下劣受苦之人。现已连续干旱几年了，百姓饥荒难熬，悲怨痛心。我希望能消除百姓的灾害，若有罪祸，由我承担受罚。"诸佛说道："您是仁君，慈悲仁义，大恩大德能与帝释相比，这些我们全都知道。现在就教给您致福的办法，不必再悲戚了。"

于是叫国王立即命令百姓普种稻谷。国王当即遵命执行。全国的男男女女都参加种谷，修治家业。后来，稻子都变成瓜蓏，管农业的大臣将此异情奏闻国王。国王道："等它熟了再说。"瓜蓏成熟，数量之多几乎能将全国覆盖，蓏实中全是稻穰等粮食，每个都有好几斛重，且味道芬芳，香飘一国。全国百姓无不欢欣鼓舞，赞叹歌颂国王的大恩大德。边境周围原来有仇的国家，纷纷归降称臣。百姓不断增多，疆土不断扩大。普天之下，莫不持戒归命三宝。国王及其臣民命终之后均往生天上。

佛道："那时的穷人就是我，许多劫中，我都以仁惠拯救、帮助众生，功德不会白费，现在我果然成了佛，号为天中天，可称三界雄。菩萨就是这样慈惠行布施度无极。"

富翁仙叹的故事

原典

仙叹理家[①]本生

昔者菩萨为大理家，名曰仙叹，财富无数，睹佛明典，觉世无常，荣命难保，财非己有，唯有布施，功德不朽。令告黎民，若有贫乏恣愿取之。如斯数月。时政宽民富，无财乏者。仙叹念曰：惟常市药供护众疾耳。即市良药，济众生命。慈育普至，恩无不周。累年之惠，德香远薰，四方病者驰来，首尾叹其弘润，以德配天。财贿都尽，身行采宝。去家百余里，于一水上，逢数乘车载重病者，曰："尔所之乎？"答曰："之仙叹所，庶全余命。"仙叹即还，从王贷金五百两，市药以彼疗病，病者悉瘳②。自与商人入海采宝，所获弘多。

还国置舟步行，道乏无水。仙叹得一井水，呼等人汲之，却自取饮。商人睹其所得白珠，光耀绝众，贪为尤恶，毁圣残仁，共排仙叹投之于井。菩萨仁德感神动祇③，天神接承令不毁伤。商人还国，王曰："仙叹何之？"对曰："去国即别不知所之。"曰："尔乃杀之乎？"曰："不也。"仙叹于井睹空傍穴，寻之而进出彼家井，唯七日行得其本国。王曰："何缘空还乎？"对曰："不遇。"王靖思曰："其必有以乎？"召商人问："尔诚首④之即活，欺者死矣。"即皆首之，付狱定罪。仙叹涕泣，驰诣宫门，叩头请罪。王曰："违政也。"又重请曰："愚者倒见⑤，未足明责，原其无知也。"

王嘉仙叹之仁覆，原商人之凶罪，敕令还物。商人佥曰："仙叹不奉佛者，岂有斯仁乎？"各择名宝以还之矣。仙叹各受其半。商人叩头曰:"蒙祐命全,愿尽纳焉。"于斯受之,以还王金,又大布施。王逮臣民,相率受戒,子孝臣忠,天神营卫,国丰民康,四境服德,靡不称善。

佛言:"时仙叹者是我身也!菩萨慈惠度无极行布施如是。"

注释

①**理家**:大富长者。
②**瘳**:病愈。
③**祇**:地神。
④**首**:有罪自陈。
⑤**倒见**:颠倒之妄见,有四种,所谓"常、乐、我、净"是也,即把无常当作常,将苦视为乐,把无我看作有我,将不净认为是净。

译文

从前,菩萨曾经是大富翁,名叫仙叹。仙叹虽有数不尽的钱财,但他读经念佛,知晓世间万事无常,荣华生命难保的道理。无量之财均非己有,唯行布施,才能功德不朽。于是他就告示百姓,如果有贫穷短乏者,可来此地任意索取。如此，一连几月。但当时国治民富，没有穷人。仙叹想：只有经常买药供给百姓，使其身体健康。于是就去买了许多良药，施给病人，帮助他们恢复健康，延长生命。仙叹慈心宏广，普施恩惠。几年以后，大德之名无所不知，无人不晓。四面八方的患者纷纷前来求药，每个人都赞叹他的隆恩厚泽，认为其德行之高可与天相比。最后，仙叹的财产全用完了，于是他决定自己去采宝。走了一百多里路后，在一条河上，见到船上有好几辆车都载着重症病人，仙叹就问："你们去哪里？"那些人答道："去仙叹那里，希望他能使我们活命。"于是仙叹又回来向国王借了五百两金子，买药给那些病人治病，最后全都康复。而后仙叹才又与一些商人一起到海上去采宝，收获很大。

下船步行回国，路上又渴又乏，但却无水可饮。后来仙叹找到一口井，他赶紧招呼众人打水，待他们都喝够了，他才打水自饮。这时商人们见仙叹采到的白色宝珠，光彩炫目，无与伦比，顿生贪心，行为尤其恶劣，一起将仙叹推入井中，毁圣残仁。但是，菩萨的仁德却感动了天地之神，天神接住了仙叹，仙叹未伤一毫一毛。商人们回国后，国王问："仙叹到哪里去了？"答曰："出国后即分手，不知他去哪里了。"国王道："莫不是被你们杀了？"答道："没有啊。"再说，仙叹在井里见井旁有个洞，顺洞到了另一口井，最后出来，只走了七天就回到本国。国王问："你为什么空着手回来了呢？"仙叹答道："我没有找到财宝。"国王静下心来想了一想，认为其中必有原因。于是又召来那些商人道："你们若能诚实招罪可免一死，若欺蒙寡人必死无疑。"于是，商人们纷纷承认坦白，国王把他们送进监狱判罪。仙叹知道后，哭着赶到王宫门前，叩头请罪。国王道："他们犯了法。"仙叹又请求道："愚昧无知之人不明真理，唯有倒见，不值得大王明察公责，原谅他们的无知吧！"

国王赞赏仙叹仁德之厚，于是放出了那些商人，并将财宝还给了他们。商人们一齐道："仙叹若不是奉佛，怎会有这样的仁德呢？"于是各自挑选名贵珍宝还给仙叹。仙叹只各受其半。商人叩头礼拜道："我等承蒙大德相助，才得以保全性命，故望全部受纳。"仙叹这才全部收下，用它还了国王的债，又用此大大布施。国王及臣民相继信佛受戒，子孝臣忠，受天神保护营卫。国富民强，周边邻国均服其仁德，没有不赞叹的。

佛道："当时的仙叹就是我啊！菩萨就是这样慈惠行布施度无极。"

长寿王的故事

原典

昔者菩萨为大国王，名曰长寿；太子名长生。其王仁恻，恒怀悲心，愍伤众生，誓愿济度，精进不倦。刀杖不行，臣民无怨，风雨时节，宝谷丰沃。邻国小王，执操暴虐，贪残为法，国荒民贫。谓群臣曰："吾闻长寿，其国丰富，去斯不远，怀仁不杀，无兵革之备。吾欲夺之，其可获乎？"群臣曰："可。"

则兴战士到大国界。蕃屏①之臣，驰表其状，惟愿备豫②。长寿则会群臣议曰："彼王来者，惟贪吾国民众宝多。若与之战，必伤民命。利己残民，贪而不仁，吾不为也。"群臣佥曰："臣等旧习军谋兵法，请自灭之，无劳圣思。"王曰："胜则彼死，弱则吾丧。彼兵吾民皆天生育，重身惜命，谁不然哉？全己害民，贤者不为也。"群臣出曰："斯天仁之君，不可失也。"自相检率以兵拒贼。

长寿觉之，谓太子曰："彼贪吾国，怀毒而来。群臣以吾一人之身欲残民命。今吾委国，庶全天民，其义可乎？"太子曰："诺。"父子逾城，即改名族，隐于山草。于是贪王遂入其国。群臣黎庶失其旧君，犹孝子丧其亲，哀恸躃踊③无门不然。贪王募之黄金千斤、钱千万。

长寿出于道边树下坐静思，悲愍众生生死勤苦，不睹非常④、苦、空、非身⑤，为欲所惑，其苦无数。远国梵志，闻王好施济众生之命，远来归穷，于树下息。俱相问讯，各陈本末。梵志惊曰："大王何缘若兹乎？"流泪自陈："吾余年无几，故来乞丐⑥，庶存余命。大王亡国，吾命穷矣。"即为哀恸。王曰："子来归穷，而正值吾失国，无以济子，不亦痛乎？"扠⑦泪而曰："吾闻新王募吾甚重，子取吾首，可获重赏。"答曰："不然。遥服大王仁济众生，润等天地，故委本土，庶蒙自济。今敕斩首，不敢承命矣。"王曰："身为朽器，岂敢宝哉？夫生有死，孰有常存？若子不取会为灰土矣。"梵志曰："大王布天仁之惠，必欲殒命以济下劣者，惟愿散手相寻去耳。"

王即寻从之故城门，令缚以闻。国人睹王，哀号恸国。梵志获赏。贪王命于四衢生烧杀之。群臣启曰："臣等旧君当就终没，乞为微馔以赠死灵。"贪王曰："可。"百官黎民哀恸塞路，躃踊宛转⑧靡不呼天。太子长生亦佯卖樵，当父前立。父睹之仰天曰："违父遗诲，含凶怀毒，愠于重怨。连祸万载，非孝子矣。诸佛四等⑨弘慈之润，德韬⑩天地。吾寻斯道杀身济众，犹惧不获孝道微行，而况为虐报仇者乎？不替吾言可谓孝矣。"子不忍视父死，还入深山。

王命终矣，太子哀呼，血流于口，曰："吾君虽有临终尽仁之诫，吾必违之，当诛毒鸩。"遂出佣赁，为臣种菜。臣偶行园睹菜甚好，问其意状，园监对曰："市赁一人妙于园种。"臣现问曰："悉所能乎？"曰："百工之巧，吾为其首。"臣请其王，令为上馔，有逾太官。王曰："斯食谁为之乎？"臣以状对。王即取之令为厨监，每事可焉。擢为近臣，告之曰："长寿王子吾之重仇，今以汝为蕃屏。"即曰："唯然。"王曰："好猎乎？"对曰："臣好之。"

王即出猎，驰马逐兽，与众相失，唯与长生俱处山三日，遂至饥困，解剑授长生，枕其膝眠。长生曰："今得汝不乎？"拔剑欲斩之，忽忆父命，曰：违父之教为不孝矣。复剑而止。王寤曰："属梦长生欲斩吾首，将何以也？"对曰："山有强鬼喜为灼热，臣自侍卫，将何惧矣。"王复还卧，如斯者三也。遂投剑曰："吾为仁父，原赦尔命。"王寤曰："梦见长生原吾命矣。"太子曰："长生者吾身是也。念父追仇之于今矣。吾父临殁，口遗仁诫，令吾遵诸佛忍辱恶来善往之道，而吾含极愚之性，欲以两毒相注。三思父诫，三释剑矣。愿大王疾相诛除重患也。身死神迁，恶意不生。"

王悔过曰:"吾为暴虐,不别臧否⑪。子之先君,高行纯备,亡国不亡行,可谓上圣乎!子存亲全行,可谓孝乎!吾为豺狼,残生苟饱,今命在子,赦而不戮,后岂违之乎?今欲返国,由何道也?"对曰:"斯惑路者吾之为也。"将王出林,与群僚会。王曰:"诸君识长生不乎?"佥曰:"不识。"王曰:"斯即长生矣。今还其国,吾返本居。自今为伯仲,祸福同之。"立太子之日,率土悲喜交并,莫不称寿。贪王还其国,更相贡献,遂致隆平。

佛告诸沙门:"时长寿王者吾身是也,太子者阿难⑫是,贪王者调达⑬是。调达世世毒意向我,我辄济之。阿难与调达本自无怨,故不相害也。吾世世忍不可忍者,制意立行,故今得佛为三界尊。菩萨慈惠度无极行布施如是。"

注释

①**蕃屏**:犹"屏藩",捍卫。

②**备豫**:即预备,事先做好准备。

③**擗踊**:捶胸顿足,极言哀痛之状。

④**非常**:犹"无常"。《四十二章经》:"佛言,睹天地念非常,睹山川念非常。"

⑤**非身**:也称"非我",即"无我","三法印"之

一。指世界一切事物皆无独自的实在自体。

⑥乞丐：求乞、讨取。

⑦扠：擦。

⑧宛转：犹"辗转"。

⑨四等：指慈、悲、喜、舍之四无量心，也称"四无量""四等心""四梵住""四梵堂"等。是佛、菩萨为普度无量众生而应具有的四种精神。隋慧远《大乘义章》卷十一末曰："经中名此以为无量，亦云四等。源于无量诸众生起，故名无量；等缘一切，故复名等。"

⑩韬：容纳。

⑪臧否：褒贬、好坏。

⑫阿难：释迦牟尼"十大弟子"之一。本为释迦牟尼叔父斛饭王之子，释迦牟尼的堂弟。释迦得道后回乡跟随出家，侍从释迦二十五年。因其长于记忆，故有"多闻第一"之称。

⑬**调达**：提婆达多之略，阿难之兄。他也曾出家，且学得三十相，但后为贪利养，渐生恶念，有恶行。据《佛本行集经》卷十二记载，悉达多太子十二岁那年率五百童子在园内游嬉。天空有群雁飞过。调达射一雁，雁带箭落园中，被悉达多救起，并为其拔箭治伤。调达遣使来要，悉达多不肯，从此与悉达多结怨。

译文

从前,菩萨曾是一大国国王,名叫长寿。有太子名为长生。长寿王仁慈,一直怀有大悲之心,怜悯同情百姓,立誓要济度众生,因而精进不懈。国王不施武力、不动干戈,百姓和睦、臣民无怨,再加风调雨顺,土地肥沃、谷丰物饶,故国富民强。相邻有个小国,其王暴虐无道,贪婪残酷,故国家荒敝、百姓贫穷。国王问群臣道:"我听说长寿王之国物产丰富,离此不远。再说长寿王又心慈怀仁、不杀不戮,故没有刀枪武器做防备。我想要夺他的王位,抢他的国家,会成功吗?"众臣答道:"可行。"

于是组织军队开到大国国界。守卫边界的大臣立即上表奏闻国王,希望能有所准备,不致为患。长寿王则召集群臣道:"小国国王的这一举动,只是贪图我国民众宝多罢了。若与之交战,则必定伤害百姓生命。利己害民,贪婪而不仁,我绝对不做。"群臣一齐说道:"我们原来都学习过兵书军法,懂得如何打仗,自有办法消灭贼寇,不劳大王圣驾,无须大王操心。"长寿王道:"我们要是赢的话,则他们必死;我们要是输了,则又必定自己丧命。他的军队、我的百姓皆为上天所生所育,保重身体、爱惜生命,谁不是这样呢?保全自己,使百姓受害，非贤者之所为也。"群臣退出后，互道："这真是位仁君，不可失去他。"于是他们自己组织军队，率兵抵抗贼军的侵略。

长寿王知道后，对太子道："那国王是贪图我国，不怀好意而来。众位大臣为了我一人而要伤害百姓性命。现在我们就离开国家、放弃王位，望以此保全上天之民，这样行吗？"太子道："遵命。"于是父子两人翻过城墙，改名换姓，隐居于深山老林。这样，那个贪婪的国王就进入他们的国家。群臣百姓失去了原来的国王，犹如孝子失去双亲，家家哀号恸哭、捶胸顿足，无限悲痛。那贪王用黄金千斤、钱千万来悬赏缉拿长寿王。

长寿王有一次走出深山来到路边的树下，端坐静思，深为众生在生老病死的痛苦中忙碌奔劳，但又不知道世界无常、人生本苦、四大皆空、一切无我的道理，被欲望所迷惑，其苦无数而悲伤。远方某国的一位梵志，听说长寿王好行布施，救济众生，所以特地从远方赶来投靠，也坐在树下休息。两人相互问候施礼，各自述说自己的经历。梵志听后大惊道："大王怎么会这样呢？"接着，边哭边道："我已没几年好活的了，所以特地来求助，希望能多活几年。大王亡国，我就更没命了。"越说越伤心。长寿王道："您来投靠我，正碰上我亡国，无法帮助您，不也同样痛苦吗？"于是一边抹着眼泪一边道:"我听说新国王为了缉拿我,出的赏钱很高。您把我的首级拿去,可获重赏。"梵志道:"不能这样。我在远方听说大王仁慈护济众生,润泽与天地相等,所以离开家乡,希望自己能得到帮助。现在大王命我取大王的头,我不敢从命。"国王道:"身体不过是腐朽的器物,怎么能把它当作宝贝呢?既有生就有死,谁又能长生不老?即使您现在不杀我,迟早我也会变为灰土。"梵志道:"大王广布大仁之惠,一定要牺牲生命来救助下劣苍生的话,那我就只有跟大王一起去寻找机会了。"

于是,国王就跟着他来到故国城门下,令梵志将自己绑起,奏闻贪王。百姓们见到国王,个个哀号痛哭。梵志获得重赏。贪王命在街上点起火,要活活烧死长寿王。群臣奏请道:"微臣等旧君即将命终,请允许我们稍微准备一点食物以供亡灵。"贪王道:"可以。"群臣百姓哀号恸哭、捶胸顿足,一个个呼天抢地,人流辗转堵住了道路。长生太子也装成卖柴的站在父王的面前。长寿王见到太子,仰天长叹道:"违背父亲的遗训,一脸凶相、满怀怨愤,心积深仇大恨,这样会使后代子孙均遭祸殃,这就不是孝子了。诸佛以慈、悲、喜、舍之心普度众生,仁德宏广、容天纳地。我为了寻求如此正道而杀身济众,仍然怕不能获得孝道微行,更何况还为凶虐而报仇呢？照着我的话做才叫孝子。"太子不忍亲眼看着父王死，离开人群，回到深山。

长寿王死了，太子哀号痛哭，最后血流满口，发誓道："虽然父王临终有尽仁之训诫，但我不会听，我一定要杀死那毒鸩。"于是他走出深山，给人做雇工，被一位大臣家雇去种菜。有一次大臣偶然从菜园经过，见满园的蔬菜鲜嫩悦人，长势很好，就问管园人。管园人道："在街上雇得一个人特别会种菜。"大臣叫来了长生，问道："你什么都会吗？"长生答道："百工手艺技巧，我无所不能，且技术高明。"大臣要请国王吃饭，于是就命令他做上等佳肴，结果大大超过宫中太官。国王问道："这饭是谁做的？"大臣就将此事告诉了国王。国王即将长生要去，让他在宫中任厨监，事事都令国王满意，于是提拢为贴身近臣。国王告诉长生："长寿王的儿子是我的大敌，我现在用你做侍卫。"长生道："遵命。"国王又问："你喜欢打猎吗？"答道："微臣喜欢。"

于是，国王就率领人马外出打猎，纵马逐兽，最后与众人相失散，只有长生仍在身边。两人在深山中转了三天，国王又饿又困，于是摘下剑交给长生，枕着长生的大腿睡着了。长生道："你今天不是终于落到我手中了吗？"拔剑就想杀掉国王，但忽然想起父王遗训，心中道：违背父亲的教诲是不孝的行为。于是又将剑放回。贪王醒后道:"我梦见长生太子要杀我,怎么办?"长生道:"山中有很厉害的鬼喜欢弄火烧灼,微臣自会侍卫大王,不用害怕。"于是国王又睡着了。就这样反复了三次,最后,长生太子将剑扔到了地上道:"我因为仁慈的父王而饶你一命。"贪王醒来道:"我梦见长生太子原谅了我。"长生道:"我就是长生。因父被杀,追随仇人一直到现在。父王临终之时亲口留下仁慈之诫言,要我遵循佛道,忍辱不怨,恶来善往。但是我却满怀愚昧,想以毒攻毒。三次想起父王的遗训,三次放下手中之剑。现在希望大王赶快把我杀掉,以除重患。身死神迁,再也不会生恶意。"

贪王听后,悔过道:"我行暴虐,不辨好坏。您的先君,德行高尚、完美,虽亡国但不亡行,实在是崇高的圣人啊!您继承父王高行,真可谓是孝子呵!我则如豺狼一般,贪婪无厌,残害众生。现在我命在您手中,您却能原谅我不杀我,今后难道我还能违背善行吗?现在我想回国,可走哪条路呢?"长生道:"是我让您迷了路。"于是带领国王走出深山丛林,与群僚相会。贪王对众大臣道:"大家认识长生太子不?"众臣道:"不认识。"国王道:"这就是长生太子。现在我要把国家还给他,回到自己的本土。从此以后,两国就是兄弟,有苦同受,有福同享。"长生太子继位的这天,全国百姓个个悲喜交集，同祝新国王万寿无疆。贪王回本国后，又来朝奉贡献，从此天下太平。

佛陀告诉众位沙门："当时的长寿王就是我，长生太子就是阿难，那位贪王是调达。调达一直对我怀有恶意，我则以善心帮助他。阿难与调达本无怨恨，所以不会相互伤害。我世世代代都在忍受难以忍受的一切，就是为能树立大德高行，所以现在我得以成佛，为三界之尊。菩萨就是这样慈惠行布施度无极。"

须大拏太子的故事

原典

须大拏太子①本生

昔者叶波国王号曰湿随，其名萨阇。治国以正，黎庶无怨。王有太子名须大拏，容仪光世，慈孝难齐，四等普护，言不伤人。王有一子，宝之无量。太子事亲同之于天，有知之来，常愿布施拯济群生，令吾后世受福无穷。愚者不睹非常之变谓之可保；有智之士照有五家②，乃尚布施之事。十户诸佛、缘觉无所着③尊，靡不叹施为世上宝。太子遂隆普施，惠逮众生。欲得衣食者应声惠之，金银众珍车马田宅，无求不与。光馨远被,四海咨嗟。

父王有一白象,威猛武势躄④六十象。怨国来战,象辄得胜。敌王议曰:"太子贤圣,无求不惠,遣梵志八人至太子所,令乞白象,若能得之,吾重谢子。"受命即行。着鹿皮衣,履屣⑤执瓶,执杖远涉,历诸郡县千有余里到叶波国。俱柱杖翘一脚向宫门立,谓卫士曰:"吾闻太子布施贫乏,润逮群生,故自远涉,乞吾所乏。"卫士即入,如事表闻。太子闻之,欣然驰迎,犹子睹亲,稽首接足,慰劳之曰:"所由来乎?苦体如何?欲所求索以一脚住乎?"对曰:"太子德光周闻八方,上达苍天,下至黄泉,巍巍如大山,靡不叹仰。卿为天人之子,吐言必信。审尚布施不违众愿者,今欲乞丐行莲华上白象,象名罗阇恕大檀。"太子曰:"大善。唯上诸君金银杂宝恣心所求,无以自难。"即敕侍者,疾被白象金银鞍勒,牵之来矣。左持象勒,右侍金瓫,澡梵志手,慈欢授象。梵志大喜,即咒愿竟,俱升骑象,含笑而去。

相国百揆⑥靡不怅然,佥曰:"斯象猛力之雄,国恃以宁。敌仇交战,辄为震奔。而今惠仇,国将何恃?"俱现陈曰:"夫白象者,势力能躄六十象,斯国却敌之宝,而太子以惠重怨。中藏日虚,太子自恣布施不休,数年之间,臣等惧举国妻子必为施惠之物矣。"

王闻其言，惨然久而曰："太子好喜佛道，以赒⁷穷济乏，慈育群生，为行之元首。纵得禁止，假使拘罚，斯为无道矣。"百揆佥曰："切磋之教仪无失矣，拘罚为虐臣敢闻之。逐令出国，置于田野，十年之间令惭自悔，臣等之愿也。"

王即遣使者就诰之曰："象是国宝，惠怨胡为？不忍加罚，疾出国去。"使者奉命，诰之如斯。太子对曰："不敢违天命，愿乞布施济乏七日，出国无恨。"使者以闻。王曰："疾去，不听汝也。"使者反曰："王命不从。"太子重曰："不敢违天命。吾有私财不敢侵国。"使者又闻，王即听之。太子欣然敕侍者：国中黎庶有穷乏者，劝之疾来，从其所欲恣之无违。国土、官爵、田宅、财宝，幻梦之类靡不磨灭。兆民巨细奔诣宫门。太子以饮食、衣被、七宝诸珍，恣民所欲。布施讫竟，贫者皆富。

妻名曼坻，国王之女，颜华炜⁸耀，一国无双。自首至足皆以七宝璎珞。谓其妻曰："起听吾言，大王徙吾着檀特山十年为限，汝知之乎？"妻惊而起视太子，泪出且云："将有何罪乃见迸逐，捐国尊荣处深山乎？"答其妻曰："以吾布施，虚耗国内，名象战宝以施怨家，王逮群臣恚逐我耳。"妻即称愿：使国丰熟，王臣兆民富寿无极。惟当建志于彼山泽，成道弘誓矣。

太子曰："惟彼山泽恐怖之处，虎狼害兽难为止矣。又有毒虫、魍魉⑨鬾鬼、雷电霹雳、风雨云雾，其甚可畏。寒暑过度，树木难侬，蒺藜砾石，非卿所堪。尔王者之子，生于荣乐，长于中宫，衣则细软，饮食甘美，卧则帷帐，众乐聒⑩耳，愿则恣心。今处山泽，卧则草蓐，食则果蓏，非人所忍。何以堪之乎？"

妻曰："细靡、众宝、帷帐、甘美，何益于己而与太子生离居乎？大王出时以幡为帜⑪，火以烟为帜，妇人以夫为帜，吾恃太子犹孩恃亲。太子在国布施四远，吾辄同愿。今当历险而犹留守荣，岂仁道哉？倘有来乞，不睹所天，心之感结，必死无疑。"

太子曰："远国之人来乞妻子，吾无逆心。尔为情恋，倘违惠道，都绝洪润，坏吾重任也。"妻曰："太子布施，睹世希有，当卒弘誓慎无倦矣。百千万世无人如卿。逮佛重任，吾不敢违也。"太子曰："善。"

即将妻子诣母辞别，稽首于地愍然辞曰："愿捐重恩，保宁玉体。国事鞅掌⑫，愿数慈谏，无以自由，枉彼天民。当忍不可忍，含忍为宝。"母闻诀辞，顾谓侍曰："吾身如石，心犹刚铁，今有一子而见逬逐，吾何心哉！未有子时结愿求嗣，怀妊之日如树含华，日须其成。天不夺愿令吾有子，今育成就而当生离乎？夫人嫔妾，嫉者快喜，不复相敬。"太子妻儿稽首拜退，宫内

经典·1 布施度无极的故事 043

巨细靡不哽噎。出与百揆吏民哀诀,俱出城去。靡不窃云:"太子,国之圣灵,众宝之尊,二亲何心而逐之乎?"太子坐城外,谢诸送者,遣之还居。兆民拜伏,佥然举哀,或有躄踊呼天,音响震国。

与妻进道,自知去本国远,坐一树下。有梵志自远来乞,解身宝服,妻子珠玑,尽以惠之。令妻子升车,执辔而去。始欲就道,又逢梵志来从乞马,以马惠之。自于辕中挽车进道。又逢梵志来丐其车,即下妻子,以车惠之。太子车马、衣裘、身宝杂物,都尽无余。令妻婴女,己自抱男。处国之时,施彼名象,众宝车马,至见毁逐,未曾恚悔,和心相随,欢喜入山。三七二十一日乃到檀特山中。太子睹山,树木茂盛,流泉美水,甘果备焉,凫、雁、鸳鸯游戏其间,百鸟嘤嘤,相和悲鸣。太子睹之,谓其妻曰:"尔观斯山,树木参天,少有折伤。群鸟悲鸣,每处有泉,众果甚多,以为饮食。唯道是务,无以违誓。"

山中道士皆守节好学。有一道士名阿周陀,久处山间,有玄妙之德。即与妻子诣之,稽首,却叉手立,向道士曰:"吾将妻子来斯学道,愿垂洪慈,诲成吾志也。"道士诲之,太子则焉。柴草为屋,结发薪[13]服,食果饮泉。男名耶利,衣小草服,从父出入。女名罽拏延,着鹿皮衣,从母出入。处山一宿,天为增泉,其味重甘，生药树木，名果茂盛。

后有鸠留县老贫梵志，其妻年丰，颜华端正。提瓶行汲，道逢年少遮要⑭调曰："尔居贫乎？无以自全。贪彼老财，庶以归居？彼翁学道内否⑮，不通教化之纪，希成。一人专愚儜㑒⑯，尔将所贪乎？颜状丑黑，鼻正匾㔸⑰，身体獠㑒⑱，面皱唇䫴⑲，言语謇吃⑳，两目又青，状类若鬼，举身无好。孰不恶憎？尔为室家，将无愧厌乎？"妇闻调婿，流泪而云："吾睹彼翁鬓须正白，犹霜着树。朝夕希心欲其早丧，未即从愿，无如之何？"归向其婿如事具云，曰："子有奴使，妾不行汲。若其如今，吾去子矣。"婿曰："吾贫缘获给使乎？"妻曰："吾闻布施上士名须大拏，洪慈济众，虚耗其国。王逮群臣，徙着山中。其有两儿，乞则惠卿。"妻数有言，爱妇难违，即用其言，到叶波国，诣宫门曰："太子安之乎？"卫士上闻。王闻斯言，心结内塞，涕泣交流，有顷而曰："太子见逐，惟为斯辈，而今复来乎？"请现劳徕，问其所以。对曰："太子润馨，遐迩咏歌，故远归命，庶自稣息。"王曰："太子众宝布施都尽。今处深山，衣食不充，何以惠子？"对曰："德徽巍巍，远自谒慕，贵睹光颜，没齿无恨也。"

王使人示其径路。道逢猎士曰："子经历诸山，宁睹太子不？"猎士素知太子迸逐所由，勃然骂曰："吾斩尔首,问太子为乎?"梵志恧然㉑而惧曰:吾必为子所杀矣!当权而诡之耳。曰:"王逮群臣令呼太子还国为王。"答曰:"大善。"喜示其处。遥见小屋。太子亦睹其来。两儿睹之中心怛惧,兄弟俱曰:"吾父尚施而斯子来。财尽无副,必以吾兄弟惠与之。"携手俱逃。母故掘荫其坎㉒容人。二儿入中以柴覆上。自相诫曰:"父呼无应也。"

太子仰问请其前坐,果浆置前,食果饮毕,慰劳之曰:"历远疲倦矣。"对曰:"吾自彼来,举身疼痛,又大饥渴。太子光馨,八方叹懿㉓,巍巍远照有如大山。天神地祇,孰不甚善?今故远归穷,庶延微命。"太子恻然曰:"财尽无惜矣。"梵志曰:"可以二儿给养吾老矣。"答曰:"子远来求儿,吾无违心。"太子呼焉。兄弟惧矣,又相谓曰:"吾父呼求,必以惠鬼也。违命无应。"太子隐其在坎,发柴睹之。儿出抱父战栗涕泣,呼号且言:"彼是鬼也,非梵志矣。吾数睹梵志,颜类未有若兹。无以吾等为鬼作食。吾母采果来归何迟?今日定死为鬼所啖。母归索吾,当如牛母索其犊子,狂走哀恸,父必悔矣。"太子曰:"自生布施未尝微悔。吾以许焉,尔无违矣。"梵志曰:"子以普慈相惠,儿母归者即败子弘润,违吾本愿,不如早去。"太子曰:"卿愿求儿故自远来,终不敢违,便可速迈。"太子右手沃澡,左手持儿，授彼梵志。梵志曰："吾老气微，儿舍遁迈之其母所，吾缘获之乎？太子弘惠缚以相付。"太子持儿令梵志缚，自手执绳端。两儿蹩身宛转父前，哀号呼母曰："天神、地祇、山树诸神，一哀告吾母意云：两儿以惠人，宜急舍彼果，可一相见。"哀感二仪。山神怆然，为作大响，有若雷震。

母时采果，心为忪忪㉔。仰看苍天，不睹云雨。右目瞤㉕左腋痒，两乳浑㉖流山相属。母惟之曰：斯怪甚大，吾用果为？急归视儿，将有他乎？委果旋归，惶惶如狂。帝释念曰：菩萨志隆，欲成其弘誓之重任，妻到坏其高志也。化为师子，当道而蹲。妇曰："卿是兽中之王，吾亦人中王子，俱止斯山。吾有两儿，皆尚微细，朝来未食，须望我耳。"师子避之。妇得进路，回复于前，化作白狼。妇辞如前，狼又避焉。又化为虎。适梵志远，乃遂退矣。

妇还睹太子独坐，惨然怖曰："吾儿如之，而今独坐？儿常望睹吾以果归，奔走趣吾，躄地复起，跳踉㉗喜笑，曰母归矣，饥儿饱矣。今不睹之，将以惠人乎？吾坐儿立各在左右，睹身有尘，竞共拂拭。今儿不来，又不睹处，卿以惠谁？可早相语。祷祀乾坤，情实难云。乃致良嗣今儿戏具，泥象、泥牛、泥马、泥猪、杂巧诸物，纵横于地，睹之心感。吾且发狂，将为虎狼、鬼魅[28]、盗贼吞乎？疾释斯结，吾必死矣。"

太子久而乃言："有一梵志，来索两儿，云年尽命微欲以自济，吾以惠之。"妇闻斯言，感踊躄地，宛转哀恸，流泪且云："审如所梦。一夜之中，梦睹老窶[29]贫婆梵志，割吾两乳，执之疾驰，正为今也。"哀恸呼天，动一山间云："吾子如之当如行求乎？"太子睹妻哀恸尤甚，而谓之曰："吾本盟尔，隆孝奉尊。吾志大道，尚济众生，无求不惠，言誓甚明。而今哀恸以乱我心。"妻曰："太子求道，厥劳何甚！夫处家尊，在于妻子之间，靡不自由，岂况人尊[30]乎？愿曰所索必获，如一切智[31]。"

帝释诸天佥然议曰："太子弘道普施无尽，试之以妻观心如何？"释化为梵志，来之其前曰："吾闻子怀乾坤之仁，普济群生，布施无逆，故来归情。子妻贤贞，德馨远闻，故来乞丐。倘肯相惠乎？"答曰："大善。"以右手持水澡梵志手，左手提妻适欲授之。诸天称寿莫不叹善，天地卒然大动，人鬼靡不惊焉。梵志曰："止。吾不取也。"答曰："斯妇岂有恶耶？妇人之恶斯都无有，妇人之礼斯为备首矣。然其父王唯有斯女，尽礼事婿不避涂炭[32]，衣食趣可不求细甘。勤力精健，颜华喻辈。卿取吾喜，除患最善。"梵志曰："妇之贤快诚如子言，敬诺受之。吾以寄子无以惠人。"又曰:"吾是天帝释,非世庸人也,故来试子。子尚佛慧影范难双矣。今欲何愿,恣求必从。"太子曰:"愿获大富,常好布施,无贪逾今。令吾父王及国臣民思得相见。"天帝释曰:"善。"应时不现。

梵志喜获其志,行不觉疲,连牵两儿,欲得望使。儿王者之孙,荣乐自由,去其二亲为绳所缚,结处皆伤,哀号呼母,鞭而走之。梵志昼寝,二儿迸逃,自沉池中,荷蕮^㉝覆上,水虫遍身。寤行寻求,又得儿矣。捶杖纵横,血流丹地。天神愍念,解缚愈伤,为生甘果,令地柔软。兄弟摘果,更相授啖,曰:"斯果之甘犹苑中果,斯地柔软如王边缊綖^㉞矣。"兄弟相扶,仰天呼母,涕泣流身。梵志所行,其地岑^㉟岩,砾石刺棘身及足跖^㊱,其疮毒痛。若睹树果,或苦且辛。梵志皮骨相连,两儿肌肤光泽,颜色复故。归到其家,喜笑且云:"吾为尔得奴婢二人,自从所使。"妻睹儿曰:奴婢不尔。斯儿端正,手足悦泽,不任作劳。急行炫^㊲卖,更买所使。"

又为妻使,欲之异国,天惑其路,乃之本土。兆民识焉,佥曰:"斯太子儿也,大王孙矣。"哽噎诣门上闻。王呼梵志将儿入宫。宫人巨细靡不嘘唏^㊳。王呼欲抱,两儿不就。王曰:"何以?"儿曰:"昔为王孙,今为奴婢。奴婢之贱,缘坐王膝乎?"问梵志曰:"缘得斯儿？"对之如事。曰："卖儿几钱？"梵志未答。男孙剿曰："男直银钱一千，特牛㊵百头。女直金钱二千，特牛㊵二百头。"王曰："男长而贱，女幼而贵。其有缘乎？"对曰："太子既圣且仁，润齐二仪，天下喜附，犹孩依亲。斯获天下之明图，而见远逐，捐处山泽，虎狼毒虫与之为邻，食果衣草，雷雨震人。夫财币草芥之类耳，坐见屏弃，故知男贱也。黎庶之女，苟以华色处在深宫，卧即毡褥，盖以宝帐，衣天下之名服，食天下之贡献，故女贵也。"王曰："年八孩童有高士之论，岂况其父乎！"宫人巨细闻其讽谏，莫不举哀。梵志曰："直银钱一千，特牛、特牛各百头。惠尔者善，不者自已。"王曰："诺。"即雇如数，梵志退矣。

王抱两孙坐之于膝。王曰："属㊶不就抱，今来何疾乎？"对曰："属是奴婢，今为王孙。"曰："汝父处山，何食自供？"两儿俱曰："薇菜树果以自给耳。日与禽兽百鸟相娱，亦无愁心。"王遣使者迎焉。使者就道，山中树木俯仰屈伸，似有跪起之礼。百鸟悲鸣哀音感情。太子曰："斯者何瑞？"妻卧地曰："父意解释，使者来迎。神祇助喜，故兴斯瑞。"妻自亡儿卧地，使者到乃起拜王命矣。使者曰："王逮皇后损食衔泣，身命日衰，思睹太子。"太子左右顾望，恋慕山中树木流泉，抆泪升车。自使者发，举国欢喜，治道扫除豫施帐幔，烧香散华，伎乐幢盖，举国趍跄㊷，称寿无量。太子入城，顿首谢过，退劳起居。王复以国藏珍宝都付太子，劝令布施。邻国困民归化首尾，犹众川之归海。宿怨都然，拜表称臣，贡献相衔。贼寇尚仁，偷盗竞施。干戈戢㊸藏，囹圄㊹毁矣。群生永康，十方称善，积德不休，遂获如来无所着正真道最正觉道法。御天人师㊺，独步三界，为众圣王矣。

佛告诸比丘：“吾受诸佛重任，誓济群生，虽婴㊻极苦，今为无盖㊼尊矣。太子后终生兜率天㊽，自天来下由白净王㊾生，今吾身是也。父王者阿难是，妻者瞿夷㊿是，子男罗云(51)是，女者罗汉朱迟母是，天帝释者弥勒是，射猎者优陀耶是，阿周陀者大迦叶(52)是，卖儿梵志者调达是，妻者今调达妻旃遮是。吾宿命来勤苦无数，终不恐惧而违弘誓矣。以布施法为弟子说之。菩萨慈惠度无极行布施如是。”

注释

①**须大拏太子：**即释迦牟尼于因位为太子修菩萨行时之名。

②**五家：**佛家认为世上的财物被国王、贼、火、水、恶子等五家所共占有。《大智度论》卷十三：“勤苦

求财，五家所共，若王、若贼、若火、若水、若不爱子用，乃至藏埋亦失。"

③无所着：佛之德号，因佛不执着尘染。

④躄：仆倒。

⑤履屣：二字均有"鞋"义，屣又引申有"拖拉着鞋"之义。

⑥相国百揆：宰相及百官。

⑦赒：周济、救济。

⑧炜：光明。

⑨魍魉：传说中的一种怪物。

⑩聒：喧扰，声音嘈杂。

⑪帜：旗帜、标志。

⑫鞅掌：事物繁杂貌。

⑬蕳：也作"蕳"，兰草的古称。

⑭遮要：半路拦住。

⑮否：恶，邪恶。

⑯懒戾：性情恶劣。

⑰匾匧：薄。

⑱缭戾：弯曲不直貌。

⑲頞：丑貌。

⑳謇吃：也作"蹇吃"，口吃。

㉑恧然：惭愧貌。

㉒**坎**：坑穴。

㉓**懿**：美，好。

㉔**怰怰**：恐惧貌。

㉕**瞤**：眼皮跳动。

㉖**湩**：乳汁。

㉗**跳踉**：跳跳蹦蹦。

㉘**鬼魅**：鬼怪。

㉙**窘**：生活或处境困迫，没有办法。

㉚**人尊**：佛之德号。因佛为人中之尊。《增一阿含经·序品》："人尊说六度无极。"

㉛**一切智**："佛智"的一种，各家对其含义的解释不同。广义上说，即指无所不知的"佛智"。

㉜**涂炭**：喻极困苦的境遇。

㉝**蒻**：柔嫩的蒲草。

㉞**缊綖**：缊，丝绵；綖，皇帝礼帽。

㉟**岑**：小而高的山。

㊱**蹠**：脚掌。

㊲**炫**：沿街叫卖。

㊳**嘘唏**：哽咽、抽噎。

㊴**特牛**：公牛。

㊵**𤙲牛**：母牛。

㊶**属**：原先、刚才。

㊷**趍跄：**快步趋走有礼节貌。

㊸**戢：**收藏兵器。

㊹**囹圄：**监狱。

㊺**天人师：**如来十号之一，因其能为天与人的教师，故名。

㊻**婴：**被……缠绕。

㊼**无盖：**与“无上”义同，广大之极，无法遮盖。

㊽**兜率天：**梵示Tuṣita的音译，也作“兜率陀”“睹史多”等，意译“妙足”“知足”。六欲天之一。谓在夜摩天之上三亿二万由旬，一昼夜，相当于人间四百年。此天居者彻体光明，能照耀世界。佛经上说，此天有内、外两院，外院是欲界六天之一部分，内院是弥勒寄居于欲界的“净土”。《弥勒上生经》载，若皈依弥勒并称念其名号者，死后往生此天。

㊾**白净王：**即“净饭王”，释迦牟尼的父亲，迦毗罗卫国国王。

㊿**瞿夷：**也作“瞿波”“耶输陀罗”等。古印度拘利国（也称天臂国）善觉王之女。释迦牟尼之妻，罗睺罗之母。后随摩诃波阇波提（释迦之姨母）出家为尼。

(51)**罗云：**罗睺罗的旧译，释迦牟尼之子。后随释迦牟尼出家，成为第一个沙弥。后来成为释迦牟尼十大弟子之一，以其遵守禁戒，勤于诵读，故被称为“密行第一”。

㊅大迦叶：也称"摩诃迦叶""迦叶""迦叶波"等。古印度摩揭陀国王舍城人，原属婆罗门种姓，为大富长者之子，闻释迦牟尼在竹林精舍说法，前往皈依，成为释迦牟尼十大弟子之一。迦叶少欲而知足，善修头陀行，故被称为"头陀第一"。

译文

从前，叶波国国王名叫萨阇，号为湿随。国王治国公正无私，百姓敬服无怨。国王有太子名叫须大拏。太子仪表堂堂，绝世稀有，仁孝慈悲，无与伦比。太子以四等无量之心普护众生，言语谈吐从不伤人。国王有此一子，犹如拥有无价之宝。太子侍奉双亲慈孝与天相同，自懂事开始，就一直发愿要广行布施、拯救众生，以使后代受福无穷。愚昧无智之辈不知世界万物刹那生灭、无常变化，还以为可永保不失；睿智聪慧之士明了世间财物为五家所占，但仍广行布施之事。十方诸佛世尊、缘觉无不赞叹：布施是世上最宝贵的。故太子广行布施，恩惠施及众生。想要衣物、食品者，只要开口，马上就给。金银财宝、车马田宅等，无求不与。因而太子美名远扬，四方赞叹。

国王有一匹白象，威武勇猛，能击倒六十匹象。敌人侵略，均靠此象获胜。当时敌国的国王召众大臣商议，派遣八位梵志道："须大拏太子有圣贤之德，无求不应，故派你们八人到太子住所去向他求取白象，若能得到，将有重赏。"八位梵志受命上路，穿着鹿皮衣，脚趿拉着鞋，手持瓶执杖，远涉千里之遥，历经乡城郡县，最后终于到了叶波国。他们都拄杖，翘一脚面向宫门站着，对卫士道："我们听说太子布施贫乏，润及众生，所以从远方来求取我们所缺的东西。"卫士入内如实奏闻。太子一听，当即欣然出迎，犹孝子见双亲，稽首礼拜，慰劳道："从哪里来？一定很辛苦了吧！你们这么一脚站着，想要什么呢？"对方答道："太子之德惠，八方普闻，上达苍天，下至黄泉，巍巍如大山，普天之下无不景仰赞叹。你为天人之子，言而必信。如果您真能做到不违众愿而布施的话，那我们现在就想求取那在莲花上行走的白象，象名为罗阇恕大檀。"太子道："很好。只希望诸位想要什么金银财宝，尽管道来，不要为难。"于是即命侍者为白象披上金银鞍勒，然后牵来。太子左手持象绳，右手端金瓮，洗净梵志的手，慈祥和蔼，欣然把象交给梵志。梵志非常高兴，立即念咒祝愿，然后一齐骑上白象，含笑而去。

宰相及文武大臣个个怅然若失，一起议论道："此象威武勇猛，为百兽之雄，国家靠它得以安宁。只要与敌人交战，总是威风凛凛，冲锋陷阵。现在太子却将它惠施给敌国仇人，国家还靠什么呢？"于是一起向国王进谏："白象勇猛能击退六十只象，为我国克敌之宝。而太子却将它惠施给有深仇大怨的敌人，这样国库所藏会日日减少。太子这么无限制地布施下去，几年之内，微臣等生怕全国的妇女、儿童都会成为他的惠施之物。"国王听了此番话，凄然良久而道："太子喜欢佛道，周济穷乏，慈育群生，布施自然是他的最重要的事。纵然能够禁止，将其拘留，施以惩罚，那也是无道的行为。"百官一起道："经过切磋琢磨的教仪自然没有过错，拘留惩罚是暴虐的行为，臣等不敢。只要将太子赶出国去，放逐于田野，十年之内让他反省自悔，这是微臣们的愿望。"

于是国王立即派使者告诉太子道："象是国宝，你为什么施给仇人？我不忍心惩罚你，赶紧离开这个国家。"使者奉命将国王的话转述给了太子。太子道："父王天命不敢违，但希望能允许我再布施穷人七天，我即出国，定无怨恨。"使者将此话奏闻国王，国王道："快走，我不允许你这么做。"使者对太子道："国王不允许。"太子又道："不敢违天命。我自己有私财可施，不会动用国家财物。"使者禀告国王，国王同意了。于是太子欣然命令侍从，叫他们去劝说国内那些穷困的百姓快来，要什么就拿什么，我一定尽力供给。国土、官爵、田宅、财宝，均如梦幻，没有永不磨灭的。万民百姓，大大小小均争着赶往宫门。太子将自己的饮食、衣被、七宝等珍奇之物全部拿出来，恣民所欲。布施结束，穷人全变富了。

太子之妻名曼坻，本为另一国王的女儿，长得如花似玉，一国无双。从头到脚都以七宝装饰打扮，耀眼夺目。太子对妻道："你站起来听我说，你知道大王将要把我迁到檀特山中十年的事吗？"其妻大惊，站起来看着太子，边流泪边道："君有何罪而被放逐深山，抛国弃荣呢？"太子答道："因为我布施，虚耗国家财产，而且将战宝名象施给仇人，国王及群臣生气，故放逐我至深山。"其妻明白后，立即祝愿发誓："愿国富谷丰，大王臣民富有，寿命无极。我则立志随太子进深山，一心成道，弘大誓愿。"

太子道："只是那深山水泽是极令人恐怖的地方，虎豹豺狼猛兽不断，又有毒虫、魍魉死鬼，以及雷电霹雳、风雨云雾，那实在是非常可怕的。不是太冷就是太热，树木难依，蒺藜碎石，不是你所能忍受的。你本是帝王之子，生就荣华富贵，在王宫中长大，穿的是丝绸细软，吃的是山珍海味，睡则绵罗帷帐，听则美曲妙音，一直是要什么就有什么。现要住进深山大泽的话，睡只有草蓐，吃唯是果蓏，不是人所能忍受的。你怎么能受得了呢？"

其妻答道："细软、珍宝、帷帐、美味等物，对我又有什么用，假如我与太子生离两处？大王外出时用幡旗作为标志，烈火则以烟作为标志，妇人以自己的丈夫作为标志，我像幼儿依赖双亲一般仰仗太子。太子在国内广布弘施，我与太子心愿相同。现在应当与太子一起历险经难。如果仍留在此空守荣华，怎么能算作仁道呢？倘若有人来乞讨，不见太子，我会伤心痛感，必死无疑。"

太子道："远方国家的人来乞讨，哪怕是妻子与儿女，我都不会拒绝。你贪恋情爱，假如违背了仁惠之道，就将灭绝所有恩德泽润，使我不能完成重任。"其妻答道："太子布施，世间少有，您应该实现您的宏誓大愿，千万不要半途而废。千年万代都无人能像您这样。您要完成佛的重任，我不敢违背。"太子道："好。"

于是携妻带子与母亲辞别。太子一边叩头一边伤心地说道："只愿母亲不要再施大恩，多保重自己玉体。国事多端繁杂，愿母亲能多以慈谏，不要只图自在，而辜负了苍天百姓。当忍而不可忍的时候，能忍则为宝。"其母听了这一番诀别之言，对左右侍者道："我真是身如硬石，心如钢铁啊！现在亲生儿子被驱逐，我这是什么心啊！没有儿子时结愿求嗣，怀孕的时候如树含花，天天盼着他长大。老天保佑让我有了儿子，现在好不容易抚养成人，难道就该生生相离吗？宫中夫人、嫔妃平时有嫉妒之心的，此时都会暗中高兴，不再礼敬我。"太子率妻子儿女稽首拜退，宫内所有的人都伤心哽噎。太子出宫又与文武大臣、官吏百姓痛别，然后出城。众人全都窃窃私语道："太子是国家的圣灵，为众宝之尊，双亲怎么能把他赶出去呢？"太子在城外坐下，感谢所有的送行者，并请他们都回去。百姓们个个叩头拜伏，一起痛哭，有的捶胸顿足，有的呼天抢地，声音震动了整个国家。

太子率妻子、儿女出发前进，直到觉得离自己的国家已经很远了，才在一棵树下坐下。这时有位从远方来的梵志来乞讨，太子就脱下身上的宝服，解下妻子佩戴的珠宝饰物，全部都给了他。然后让妻子、儿女上车，驾车而去。刚走上大路，又碰上有梵志跟上来要他的马，太子就解下马给他。然后太子自己代替马拉车向前。后又有梵志来讨他的车，太子就让妻子、儿女下车，将车送给他。这时，太子车马、衣服、身上珍宝饰物全都给光了。于是太子让妻子抱上女儿，自己抱上儿子，继续向前。就这样，太子虽因在国内时，施舍名象、众宝车马而被诋毁驱逐，但他未曾有半点悔恨之心,妻子、儿女与其和心相随,高高兴兴进入深山。他们走了二十一天,终于来到檀特山中。太子见此山树木茂盛,山珍野果挂满枝头,甘泉清澈,野鸭、雁子、鸳鸯戏游其间,山中百鸟齐鸣,和合相应,于是对妻子道:"你看此山:树木参天挺直,百鸟齐声悲鸣,到处都有甘泉,山珍野果很多,我们可以此为饮食。从而一心修道,不违背当时的誓愿。"

山中的道人个个都守节好学。其中有一位叫阿周陀的,已在山中住了很久,有玄妙之德行。于是太子便率领妻子、儿女来到他那里,叩头礼拜,然后合掌而立,对道士说:"我带领妻子、儿女来这里学道,愿道人垂洪慈、施教诲,以成全我的志向。"于是道人便教,太子则学。太子用柴草搭起了茅屋,用兰草编成了衣服,结起头发,食果饮泉。男孩儿叫耶利,穿着小草服,整天跟着父亲进进出出;女孩儿叫罽拏延,穿着鹿皮袄,整天随着母亲进进出出。他们在山里住了一夜,泉水就变得更多更甜,山间还生出了可以制药的大树,山珍名果长得更加茂盛。

鸠留县有个很穷的老梵志,他的妻子却风华正茂,容颜美丽。有一天提了水瓶去打水,路上碰到个年轻无赖拦住她,调戏道:"你家很穷吧!自己养不活自己。你是贪图那老头有财,想跟他过?那老头虽学道但内心邪恶，又不通教化的道理，是很难有出息的。这人既愚蠢还又恶毒，你又贪他什么呢？你看他那个样子：脸面又丑又黑，鼻子又扁又平，四肢弯曲不直，满脸都是皱纹，嘴唇丑陋不堪，说话结巴，两眼青光，那样子真像个鬼，全身没一处好的。谁见了不讨厌憎恨？你做他的老婆，难道不难为情、不讨厌吗？"那女人听完这一通戏弄的话，哭着道："我看那老头头发全白，就像挂在树上的霜。我每天都盼着他能早点死，可他总是不死，我又有什么办法？"妇人回家，把这事告诉她丈夫，然后道："你要是有奴仆可使唤，我就用不着去打水。如果还像现在这样，我就要离开你了。"那老梵志道："我这么穷，还上哪儿去找奴仆呢？"其妻道："我听说有位布施上士名叫须大拏，因广济众生而耗空其国，被国王及群臣赶到深山之中。须大拏两个孩子，你去问他要，他就会惠施给你。"那妇人多次说这话，老梵志因爱此妇，不敢违逆，只好按她所说的去做。他来到了叶波国的宫门前，问道："太子到哪里去了？"卫士将此事禀告国王。国王听了这话，心中又闷又堵，眼泪鼻涕一起流出，过了一会儿道："太子被逐，正是因为这些人，现在又来了吗？"于是把梵志请来，慰劳了一番，问他为何而来。老梵志答道："太子仁德远近皆闻，交相称赞歌颂，所以我从远方来投奔，望能得救。"国王道:"太子的所有宝物都已施尽,现住在深山,吃的、穿的都不够,能拿什么来施舍给你呢?"老梵志道:"太子仁德高行巍巍如大山,我十分敬仰,所以从远方来,希望能一睹其尊容,如此也就死而无憾了。"

于是国王派人为他指路。在路上,老梵志碰到一位猎人,问:"你整日翻山越岭,难道没有见到太子吗?"猎人因早就知道太子被逐的原因,一听此话,勃然而怒,大骂道:"看我不杀了你,你问太子干什么?"梵志心中有愧,非常害怕,想道:我肯定要被他杀掉了。我应该想办法骗他才行。于是他对猎人道:"国王及群臣让我叫太子回国继位为王。"猎人一听道:"太好了。"非常高兴地为他指明了方向。梵志往前,远远地望见那小屋。太子也见他前来。两个孩子见到他心中十分害怕,一起道:"父亲喜欢布施,财产早已施尽无余,这人现在来,一定会把我们俩施舍给他。"于是两人携手而逃。其母原曾挖了个坑可以藏人。两个孩子进去后上用柴草盖好,相互告诫道:"父亲叫的话不要应他。"

太子非常尊敬地把梵志请到跟前坐下,又请他喝果浆。喝完后,太子又慰问道:"走了很远的路,一定很累了吧!"梵志道:"我从那很远的地方来,浑身疼痛,又饥又渴。太子仁德美名,八方赞颂,太子高行巍巍有如大山,遐迩皆闻,天神地祇谁不称道?所以我特意从远方来投奔，希望能延缓我这条老命。"太子伤感地道："我的财产全都没了，没有什么可以给您了。"梵志道："可把两个孩子送我养老。"太子道："您这么远来要两个孩子，我一定使您如愿。"于是太子就呼叫两个孩子的名字。两人又惊又怕，对道："父亲叫我们，一定是要把我们送给鬼。我们只能违命不应了。"太子拨开柴草，找到了躲在坑里的两个孩子。两个孩子出来抱住父亲，战战兢兢地边哭边道："那人是鬼，不是梵志。我们见过许多梵志，从没见过脸孔像这个样子的。千万别把我们当作鬼食。母亲去采果怎么还不回来？今天我们一定要被鬼吃掉了。母亲回来后找我们，一定就像那母牛找牛犊，狂跑哀恸，父亲一定会后悔。"太子道："我自布施以来，从没有半点后悔。我既已答应，你们就不要违背。"梵志道："您以普慈相惠，他们的母亲回来一定会使您的宏泽失败，违背我的本愿，不如我早点离开。"太子道："您为了我的孩子从远方而来，我不敢违命，您可以赶快走。"太子用右手将梵志清洗干净，左手抱起孩子交给梵志。梵志道："我已年迈体衰，这俩孩子要是逃到他们母亲那里，我怎么再弄到他们呢？望太子宏惠将他们绑起给我。"于是太子把住孩子让梵志将他们捆起，用手牵着绳头。两个孩子倒在父亲面前，在地上痛哭打滚，呼喊母亲，道："天神、地神、山神、树神等众位神仙,快一起哀告我们的母亲:两个孩子要送给别人,让她赶紧丢掉那些果子,或许还可见一面。"两个孩子的哭喊感动了天地等诸神。山神为之怆然而悲,于是发出了如雷鸣般的声响。

当时两个小孩的母亲正在采果子,总是心惊肉跳的。抬头看看天,既无云又无雨。她觉右眼跳得厉害,左腋极痒,两乳接连不断地流出乳汁。她念道:这真是太奇怪了。我还采这果子干吗?该赶紧回去看看孩子会不会有什么意外。于是丢了果子就往回跑,惶恐不安,犹如发狂。帝释念道:菩萨志向宏大,我要帮助他成全宏誓大愿,其妻到很可能就会破坏他的崇高志向。于是帝释变作一只狮子蹲在路中。妇人见有狮子挡路,便道:"您是兽中之王,我也是人间王子,现都住在此山中。我有两个孩子都还很小,从早上到现在还没吃东西,盼着我回去呢!"于是狮子让开。妇女继续向前,帝释又到前面的路上化作白狼。妇人仍如以上陈述,狼又避开。后来帝释又化为虎。就这样,一直到见梵志走远了,才退走。

妇人回去后见只有太子一人独自坐在那里,心中非常害怕,道:"我的两个孩子去哪里了,你怎么一个人坐在这里?孩子们总是盼着我带果子回来。一见到我,就跑着扑过来,在地上又蹦又跳,高兴地说:妈妈回来啦！饥饿的孩子就饱啦！现在不见他们的人影，难道是送人了吗？平时总是我坐着，两个孩子一边一个，见我身上有尘土，都争着抢着为我拍打。现在孩子们不来，又不见他们在哪里，您把他们送给谁了？快早点告诉我呀！这两个孩子是我祀求祷告乾坤，心诚意真，苍天才赐给的。现在孩子们玩耍的泥象、泥牛、泥马、泥猪等东西都还散丢在地上，我见了很伤心。我都快发疯了，难道是被虎狼、鬼怪、强盗吃掉了，抢走了？你快把实情告诉我，否则，我非死不可。"

过了很久，太子才开口道："有个梵志来讨这两个孩子，说他已年老体弱活不了几年，想让两个孩子去侍候他，我已给了他。"妇人一听此话，如雷击顶，伤心地在地上打滚，恸哭道："真像我做的梦那样。有天晚上，我梦见有个又老又穷的梵志割下我的两乳，捧着飞跑，正为今日之事啊！"妇人哀号呼天，震动了整座大山："我的孩子现在这样，我该到哪里去找他们啊？"太子见妻子如此伤心欲绝，就对她说："我本就和你说好的，隆盛孝道，遵奉双亲。我立志于大道，周济众生，无求不应，我发的誓言非常明确。现在你这么哀哭会乱了我的心。"其妻道："太子求道，是多么辛苦啊！夫在家中为一家之尊，妻子、儿女均可自由处置，更何况要成为人中之尊呢？按您的誓愿去追求，一定会获得一切智的。"

帝释与众位天神一起商议道："太子弘道普施无尽，现在用其妻试试看他的决心到底怎样？"于是帝释又变作梵志来到太子跟前道："我听说您怀有乾坤之仁德，普济众生，布施无求不应，所以来投奔。您的妻子贤惠贞洁，美名远扬，所以我来乞求，或许您也肯惠施给我吧！"太子答道："太好了。"说着就用右手拿水来洗梵志的手，左手拉过妻子就要给他。这时，众位天神一个个感叹称赞，天地突然大动，人鬼没有一个不惊讶的。梵志道："算了吧，我不要了。"太子道："此妇难道不好吗？妇人的那些恶习她都没有，而妇人之礼仪她是最具备的。虽然她的父王只有这么一个女儿，但她却尽妇之礼侍奉夫婿，不避困苦之境，衣服、食物并不求细软甘美，过得去即可。且勤快能干，精力旺盛，又容颜美貌，超过所有的人。您把她带走，正好为我除心头之患，我很高兴。"梵志道："此妇的贤惠勤快确如您所言，现在我恭敬接受。我把她托付给您，不要再送给他人。"又道："我是天帝释，不是一般世俗之人，所以来试探您。您崇尚佛慧，表里一致，无人能比。现在您有什么愿望，无论什么都会满足您。"太子道："希望我能有很多财产，可以使我经常布施，更加不贪。希望能让我父王、群臣、百姓得以相见。"天帝释道："好。"应声而不见。

再说那老梵志因满足了愿望而很高兴,一路不觉得累,连牵着两个孩子往回赶,心想从此可以使唤了。两个孩子本是王家之孙,荣华富贵、享乐自由,现离开了双亲,又被绳索捆绑着,处处是伤,他们边哭边叫着妈妈,梵志只好用鞭子抽打,赶他们走。后来梵志白天睡觉时,两个孩子乘机逃跑,他们跳进一个水塘里,用荷叶和蒲草等把自己遮盖住,水虫遍身。梵志醒后搜寻,又把他们找到了。梵志把他们俩打得血流满地,天神可怜他们,帮助他们解开绳索并使其伤口愈合。天神又让大树长出了甜美的果子,并使地面变得非常柔软。他们俩摘下甘果,你给我,我让你,边吃边道:"这果子甜得就像皇家花园里的果子,这地柔软得犹如国王冠冕边上的飘带。"两人相扶仰天呼唤母亲,全身都是眼泪鼻涕。梵志走的路,全是山岩碎石,荆棘刺破了身体和脚底板,疮口疼痛难忍。若是他见到的果子,不是苦就是辣。最后,梵志变得皮包骨头,两个孩子却皮肤光泽,又白又亮,又像原来一样。好不容易回到家中,梵志喜逐颜开地对其妻道:"我已经为你弄来了两个奴婢,你爱怎么使唤就怎么使唤吧!"其妻端详了一会儿道:"奴婢不是这样的。这两个孩子长得容貌端庄,皮肤光亮,看他们的手脚就知干不了活儿。快去把他们卖了,再另买奴婢来使唤。"

梵志被他的妻子逼着,想到别国去卖孩子,但天神使他迷了路,又回到太子本国。国人都认识这两个孩子,一齐道:"这是太子之子,大王之孙啊!"百姓哽噎着到宫门前,让国王知道了这件事。国王就呼梵志带两个孩子进宫,宫人一个个哽咽抽泣。国王叫两个孩子的名,想抱他们,但他们却不肯上前。国王问:"为什么呢?"答道:"从前是王孙,现在为奴婢。奴婢卑贱,怎么能坐在国王的腿上呢?"国王问梵志:"你怎么得到这两个孩子的?"梵志如实以告。国王又问:"他们卖多少钱?"梵志没有回答。男孩道:"男的值银钱一千,公牛一百头。女的值金钱二千,母牛二百头。"国王问:"男孩年长反而贱,女孩小反而贵,大概有原因吧!"男孩答道:"太子既贤圣又仁惠,润泽能与天地相齐,天下人愿意归附,就像孩子依附父母。太子本应继承王位,为一国之主,但却被驱赶住进深山,与虎狼毒兽为邻,吃野果,着草衣,狂风暴雨,雷电交加。太子把金银财宝视为草芥之类,因而被摒弃,所以知道男的卑贱。百姓之女,如果长得漂亮,可入选进宫。睡有毡褥,上盖绫罗宝帐,穿尽天下漂亮的衣服,吃遍天下贡献的山珍海味,所以是女的珍贵。"国王道:"才八岁的孩子就能发如此高论,更何况他的父亲呢?"所有宫人听了这孩子的讽谏，一个个痛哀不止。梵志道："我只要银钱一千，公牛、母牛各一百头。我就算送给你，要不我就不卖了。"国王道："好。"随即如数付了钱和牛，梵志退下。

　　国王把两个孩子抱起坐在膝上。国王问："刚才要抱为什么不肯，现在为什么这么快呢？"答道："刚才是奴婢，现在是王孙。"国王又问："你们父亲住在山里靠吃什么过活呢？"两个孩子齐声答道："靠野菜野果为生。天天与禽兽百鸟相伴作乐，并无忧愁之心。"于是国王派使者到山里去迎接太子夫妇。使者走在路上，山中的树木俯仰屈伸，好像在施跪拜之礼。百鸟齐声悲鸣，声音哀婉深有感情。太子道："这是什么祥瑞之兆？"妻子躺在地上道："父王已消除了原来的误解，现派使者来迎。众神都共庆祝贺，所以兴起瑞相。"其妻自失掉两个孩子以后，一直只能躺在地上，使者到后才能起身拜受王命。使者说："国王及皇后饭食削减日日哭泣，身体日渐衰落，想见太子。"太子左右四顾，看那山中树木流水，恋恋不舍，最后擦泪上车。自使者驾车出发后，举国欢庆，修整道路，清理垃圾，预备好帐幔，烧香散华，歌舞伎乐，幢盖宝幡，人人奔走欢呼，称颂万寿无疆。太子进城后，顿首施礼，告罪谢过，辞谢了所有来看望的人，然后住下。国王又把国库所藏的珍宝全都给了太子，让他布施。邻国的贫民百姓纷纷皈依受化，犹如百川归入大海。连从前的仇敌都一个个叩拜，上表称臣，抢着贡献。强盗崇尚仁义，窃贼竞相布施，刀枪入库，监狱被毁。群生永获康福，十方一起称善，积德无量，太子于是获如来无所着正真道最正觉道法，御天人师，独步于三界，成为众圣之王。

佛告诉诸位比丘："我接受诸佛的重任，立誓济拔众生，虽然遭受了极大的痛苦，但今日却为无上之尊。太子命终生兜率天，又从天上下来投生白净王家，就是我现在。父王是阿难，妻子是瞿夷，男孩是罗云，女孩是罗汉朱迟母，大帝释是弥勒，猎人是优陀耶，阿周陀是大迦叶，卖儿的梵志是调达，其妻就是现在的调达妻旃遮。我自宿命以来，有无数辛劳苦难，但我始终不恐不惧，不因此而违背我的宏誓大愿，用布施之法为众弟子讲说。菩萨就是这样慈惠行布施度无极。"

鹿王的故事

原典

昔者菩萨身为鹿王，厥体高大，身毛五色，蹄角奇雅，众鹿伏从，数千为群。国王出猎，群鹿分散，投岩堕坑，荡树贯棘，摧破死伤，所杀不少。鹿王睹之，哽噎曰："吾为众长，宜当明虑，择地而游。苟为美草而翔①于斯，凋残群小，罪在我也！"

径自入国。国人睹之，佥曰："吾王有至仁之德，神鹿来朝。"以为国瑞，莫敢干之。乃到殿前，跪而云曰："小畜贪生，寄命国界，卒逢猎者，虫类奔迸，或生相失，或死狼籍。天仁爱物，实为可哀。愿自相选，日供太官。乞知其数，不敢欺王。"王甚奇曰："太官所用日不过一，不知汝等伤死甚多。若实如云，吾誓不猎。"

鹿王退还，悉命群鹿，具以斯意示其祸福。群鹿伏听，自相差次，应先行者每当就死。过辞其王，王为泣涕，诲喻之曰："睹世皆死，孰有免之？寻路念佛，仁孝慈心，向彼人王，慎无怨矣。"日日若兹。中有应行者而身重胎，曰："死不敢避，乞须挽娠。"更取其次，欲以代之。其次顿首泣涕而曰："必当就死。尚有一日一夜之生，斯须之命，时至不恨。"

鹿王不忍枉其生命，明日遁众，身诣太官。厨人识之，即以上闻。王问其故，辞答如上。王怆然为之流泪曰："岂有畜兽怀天地之仁，杀身济众，履古人弘慈之行哉？吾为人君，日杀众生之命，肥泽己体。吾好凶虐，尚豺狼之行乎？兽为斯仁，有奉天之德矣。"

王遣鹿去，还其本居，敕一国界：若有犯鹿者，与人同罚。自斯之后，王及群寮率化，黎民遵仁不杀，润逮草木，国遂太平。菩萨世世危命济物，功成德隆，遂为尊雄。

佛告诸比丘："时鹿王者是吾身也，国王者舍利弗②是。菩萨慈惠度无极行布施如是。"

注释

①翔：本指盘旋地飞。在此引申指流连不肯离去。

②舍利弗：也称"舍利弗多罗""富多罗"等。古印度摩揭陀国王舍城人，属婆罗门种姓。听释迦牟尼在竹林精舍讲法，因崇拜佛教缘起真理，与目犍连一起，联合徒众二百人，跟释迦牟尼出家，侍佛右侧，成为释迦牟尼十大弟子之一。舍利弗智慧敏捷，故被称为"智慧第一"。"舍利弗"也意译作"鹙鹭子"，以其母眼似鹙鹭而得名。

译文

从前，菩萨曾经身为鹿王，体壮高大，毛有五色，两只蹄角生得高雅而奇特，群鹿拜伏相随，鹿群有数千只。有一天，国王出去打猎，惊散鹿群，它们有的跳上山岩，有的掉进深坑，有的上树，有的穿棘，加之被猎杀，摧残死伤为数不少。鹿王见此情景，悲伤哽噎道："我是群鹿之首，应该考虑周到，选择没有危险的地方游玩。只为贪有好草而在此流连不肯离去，使众鹿摧残死伤，罪过在我啊！"

于是径自进入那个国家。国人见到此鹿，都说："我们的国王有至仁之德，现有神鹿来朝拜。"大家都认为这是国家的吉祥，没人敢干涉它。鹿王来到大殿前，跪下道："小畜苟且贪生，来到贵国国界吃草，突然碰到猎人，四处奔走逃命，或生离相失不见，或丧命狼藉成堆。上天慈仁爱物，实在可悲可哀。我希望由我们自己来选择，每天供给太官。我知道数目，不敢欺骗大王。"国王非常奇怪道："太官所用鹿，每天不会超过一头，不知道你们死伤这么多。若真如你所说的，我发誓不再打猎。"

鹿王退下回到鹿群，将此事告诉众鹿，指出何为祸，何为福。群鹿拜伏聆听，自动一个轮一个地去，先去的总是先死。大家都向鹿王告辞，鹿王为之伤感，一边哭着一边教导群鹿道："你们应该见世人皆有一死，谁能免却？沿路念佛，仁义、孝道、慈悲，到了人王那里，千万不要有怨恨。"天天都这样。有一天，有个轮到该去的母鹿身怀有孕，就要分娩。此鹿道：

"我并不敢逃避死亡,但请求生下小鹿后再去。"这样就必须由下一个先代它去。此鹿顿首哭道:"我一定去死。但还有一日一夜之生,生命短暂,该轮到我时,我定死无怨。"

鹿王不忍心让此鹿去死,第二天躲开众鹿,自己来到太官那里。厨师认识它,就告诉国王。国王询问原因,鹿王如实以答。国王听后,怆然而为之流泪道:"难道有畜兽怀天地之仁德,杀身济众,实现古人宏慈之高行的吗?我身为人王,却每天杀众生之命,自己吃得肥头大耳的。我这不是喜欢凶暴酷残,崇尚豺狼的行为吗?此兽为了仁义,真有奉天之德行啊!"

国王把鹿王送了回去,回到国内,敕命全国:如果有侵犯鹿的,与侵犯人一样受罚。从此之后,国王及群臣百官全都遵守教化,黎民百姓遵从仁义道德不再行杀,润泽施及草木,国家于是太平。菩萨世世代代舍命济物,最后功成德隆,成为佛陀。

佛告诉众位比丘:"那时的鹿王就是我,国王是舍利弗。菩萨就是这样慈惠行布施度无极。"

天鹅的故事

原典

鹄①鸟本生

昔者菩萨身为鹄鸟,生子有三。时国大旱,无以食之,裂腋下肉以济其命。三子疑曰:"斯肉气味与母身气相似无异,得无吾母以身肉餐②吾等乎?"三子怆然有悲伤之情。又曰:"宁殒吾命,不损母体也。"于是闭口不食。母睹不食而更索焉。天神叹曰:"母慈惠难逾,子孝希有也。"诸天祐之,愿即从心。

佛告诸比丘:"鹄母者吾身是也,三子者舍利弗、目连③、阿难是也。菩萨慈惠度无极行布施如是。"

注释

①**鹄**:即天鹅。

②**餐**:本指晚饭。在此引申指给……吃东西。

③**目连**:也称"目犍连""摩诃目犍连""大目犍连"等。古印度摩揭陀国王舍城人,属婆罗门种姓。受好友舍利弗之邀,率徒众与舍利弗同赴竹林精舍,随释迦牟尼出家,侍佛左侧,成为释迦牟尼十大弟子之一。目连神通广大,能飞上兜率天,故被称为"神通第一"。

译文

从前，菩萨曾身为天鹅，生了三只小天鹅。当时国家大旱，没有东西可吃，天鹅撕下自己翅膀下的肉来喂小天鹅，以维持它们的生命。三只小天鹅道："这肉的味道怎么跟母亲身上的味道一样，莫不是妈妈拿自己身上的肉来喂我们？"三只小天鹅怆然悲伤，道："宁可我们自己去死，也不能损坏母亲的身体。"于是闭口不吃。母天鹅见孩子们不吃，又重新寻求别的食物。天神感叹道："这母天鹅的一片慈惠之心没人能超得过，这小天鹅的一片孝心也世间少有啊！"于是诸天神一齐帮助它们实现所求愿望，只要心中一想到，马上就能实现。

佛告诉众位比丘："母天鹅就是我，三只小天鹅是舍利弗、目连、阿难。菩萨就是这样慈惠行布施度无极。"

兔王的故事

原典

昔有梵志，年百二十，执贞不娶，淫泆窈尽。靖处山泽，不乐世荣。以茅草为庐，蓬蒿为席，泉水山果，趣以支命。志弘行高，天下叹德。王聘为相，志道不仕。处于山泽数十余载。仁逮众生，禽兽附恃。

时有四兽狐、獭、猴、兔，斯四兽曰："供养道士，靖心听经。"积年之久，山果都尽。道士欲徙寻果所盛。四兽忧曰："虽有一国荣华之士，犹浊水满海，不如甘露之斗升也。道士去者不闻圣典，吾为衰乎？各随所宜，求索饮食，以供道士，请留此山，庶闻大法。"佥然曰："可。"

猕猴索果。狐化为人，得一囊麨①，獭得大鱼。各曰："可供一月之粮。"兔深自惟，吾当以何供道士乎？曰："夫生有死，身为朽器，犹当弃捐，食凡夫万不如道士一。"即行取樵，然之为炭，向道士曰："吾身虽小可供一日之粮。"言毕即自投火，火为不然。道士睹之感其若斯。诸佛叹德，天神慈育，道士遂留，日说妙经，四兽禀诲。

佛告诸沙门："梵志者锭光佛②是也，兔者吾身是也，猕猴者鹙鹭子是也，狐者阿难是也，獭者目连是也。菩萨慈惠度无极行布施如是。"

注释

①**麨**：炒的米粉或面粉。

②**锭光佛**：也作"定光佛"，即"燃灯佛"。"锭"为灯之足。据说此佛出生时身边一切光明如灯。为前

世之佛，释迦牟尼在前世时，曾买五茎莲花献给他，释迦牟尼因而得其护佑，能于此贤劫（今世之劫）善报成佛。本书以后的故事专有叙述。

译文

从前有个梵志，有一百二十岁，他保持贞洁，不娶妻室，全无淫乱放纵之事。独自静处山泽之中，不贪慕世俗的荣华富贵。住在用茅草搭起的茅庐中，以蓬蒿为席，以泉水野果为食，维持生命。他志行宏大、德行高尚，天下所有的人都赞叹他的美德。国王聘请他做宰相，他立志于修道，辞谢不仕。就这样住在山泽之中有几十年。其仁德广及众生，禽兽都纷纷前来归附，望得以依赖。

当时有四种动物：狐、獭、猴、兔，它们说："每天都恭敬地供养道士，静心听他讲经。"天长日久，山中野果都没有了。道士想离开这里去找那野果丰盛的地方。四兽发愁，道："即使有一个荣华富贵之士，也不过就像满海的脏水，不如一升甘露一样。道士走后，我们就听不到那神圣的经典了，不就没命了吗？我们要各尽所能去寻找吃的、喝的，以供养道士，恳请他留在此山，以使我等能广闻大法。"四兽这么商议后，都觉得可行。

于是猴子设法去采野果，狐狸变作人弄到一袋炒面，水獭抓到一条大鱼。各自都道："可以供给道士作一个月的粮食。"兔子深思：我该拿什么来供养道士呢？他说："有生就有死，这身体不过就像个腐朽的器物，本应该抛弃。供给一万个凡夫俗子粮食不如供给道士一人。"于是立即去拿来木柴，烧成炭火，然后对道士道："我的身子虽小，但也可供作一日之粮。"说完，就自己扑到火上，但火却灭了。道士见此情景，无限感慨。诸佛感叹其仁德，于是天神慈育万物，道士留下，每天继续讲说美妙的经典，四兽承受教诲。

佛告诉诸位沙门："那梵志是定光佛，兔子就是我，猕猴是鹙鹭子，狐狸是阿难，水獭是目连，菩萨就是这样慈惠行布施度无极。"

大富翁的故事

原典

昔者菩萨，为大理家，积财巨亿。常奉三尊，慈向众生。观市睹鳖，心悼之焉，问价贵贱。鳖主知菩萨有普慈之德，尚济众生，财富难数，贵贱无违。答曰："百万。

能取者善，不者吾当烹之。"菩萨答曰："大善。"

即雇如直，持鳖归家。澡护其伤，临水放之。睹其游去，悲喜誓曰："太山①、饿鬼众生之类，世主牢狱早获免难，身安命全如尔今也。"稽首十方，叉手愿曰："众生扰扰，其苦无量。吾当为天为地，为旱作润，为漂作筏，饥食渴饮，寒衣热凉，为病作医，为冥作光，若有浊世②颠倒之时，吾当于中作佛度彼众生矣。"十方诸佛皆善其誓，赞曰："善哉！必获尔志。"

鳖后夜来龁③其门，怪门有声，使出睹鳖，还如事云。菩萨视之。鳖人语曰："吾受重润，身得获全，无以答润。虫水居物，知水盈虚。洪水将至，必为巨害矣。愿速严舟，临时相迎。"答曰："大善。"明晨诣门，如事启王。王以菩萨宿有善名，信用其言，迁下处高。

时至，鳖来曰："洪水至，可速下载，寻吾所之，可获无患。"船寻其后，有蛇趣船，菩萨曰："取之！"鳖云："大善。"又睹漂狐，曰："取之！"鳖亦云："善。"又睹漂人搏颊呼天，哀济吾命，曰："取之！"鳖曰："慎无取也。凡人心伪，少有终信，背恩追势，好为凶逆。"菩萨："虫类尔济，人类吾贱，岂是仁哉？吾不忍也。"于是取之。鳖曰："悔哉。"遂之丰土。鳖辞曰："恩毕请退。"答曰："吾获如来无所着至真正觉者，必当相度。"鳖曰："大善。"

鳖退，蛇狐各去。狐以穴为居，获古人伏藏紫磨名金百斤，喜曰："当以报彼恩矣。"驰还曰："小虫受润获济微命，虫穴居之物，求穴以自安，获金百斤。斯穴非冢非家，非劫非盗，吾精诚之所致，愿以贡贤。"菩萨深惟，不取徒损，无益于贫民。取以布施，众生获济，不亦善乎？寻而取之。漂人睹焉曰："分吾半矣。"菩萨即以十斤惠之。漂人曰："尔掘冢劫金，罪应奈何？不半分之，吾必告有司。"答曰："贫民困乏，吾欲等施。尔欲专之，不亦偏乎？"

漂人遂告有司，菩萨见拘，无所告诉，唯归命三尊，悔过自责，慈愿众生早离八难④，莫有怨结如吾今也。蛇狐会曰："奈斯事何？"蛇曰："吾将济之。"遂衔良药，开关入狱。见菩萨状，颜色有损，怆而心悲，谓菩萨言："以药自随，吾将齧⑤太子，其毒尤甚，莫能济者，贤者以药自闻，敷则愈矣。"菩萨默然。蛇如所云，太子命将殒。王令曰："有能济兹，封之相国，吾与参治。"菩萨上闻，敷之即愈。王喜问所由。囚人本末自陈。王怅然自咎曰："吾暗甚哉。"即诛漂人，大赦其国，封为相国，执手入宫，并坐而曰："贤者说何书，怀何道，而为二仪之仁，惠逮众生乎？"对曰："说佛经，怀佛道也。"王曰："佛有要决？"曰："有之。佛说四非常⑥，在之者，众祸殄⑦，景祐昌。"王曰："善哉！愿获其实。"曰："乾坤终讫之时，七日并烈，巨海都索，天地炯然，须弥崩坏，天人鬼龙，众生身命，霍然焦尽。前盛今衰，所谓非常矣。明士守无常之念，曰天地尚然，官爵国土，焉得久存？得斯念者乃有普慈之志矣。"王曰："天地尚然，岂况国土？佛说非常，我心信哉！"

理家又曰："苦之尤苦者，王宜知之。"王曰："愿闻明诚。"曰："众生识⑧灵微妙难知，视之无形，听之无声，弘也天下，高也无盖，汪洋无表，轮转无际。然饥渴于六欲⑨，犹海不足于众流。以斯数更太山烧煮，诸毒众苦，或为饿鬼，炀铜沃口，役作太山。或为畜生，屠割剥裂，死辄更刃，苦痛无量。若获为人，处胎十月，临生急窄，犹索绞身，堕地之痛犹高陨下，为风所吹若火烧己，温汤洗之甚沸铜自沃，挃⑩摩身犹刃自剥。如斯诸痛甚苦难陈。年长之后，诸根⑪并熟，首白齿陨，内外虚耗，存之心悲，转成重病，四大欲离，节节皆痛，坐卧须人，医来加恼，命将欲终，诸风并兴，截筋碎骨，孔窍都塞，息绝神逝，寻行所之。若其升天，天亦有贫富贵贱，延算之寿，福尽罪来，下入太山饿鬼畜生，斯谓之苦。"王曰："善哉，佛说苦要，我心信哉。"

理家又曰："夫有必空，犹若两木相钻生火，火还烧木，火木俱尽，二事皆空。往古先王宫殿臣民，今者磨灭不睹所之，斯亦空也。"王曰："善哉，佛说空要，我心信哉。"

理家又曰："夫身地、水、火、风矣。强为地，软为水，热为火，息为风，命尽神去，四大各离，无能保全。故云非身⑫矣。"王曰："善哉，佛说非身，吾心信哉。身且不保，岂况国土乎？痛夫我先王，不闻无上正真最正觉非常、苦、空、非身之教矣。"

理家曰："天地无常，谁能保国者乎？胡不空藏布施贫饥之人乎？"王曰："善哉，明师之教快哉。"即空诸藏而布施贫乏。鳏寡孤儿令之为亲为子。民服炫煌⑬贫富齐同。举国欣欣，含笑且行，仰天叹曰："菩萨神化乃至于兹乎！"四方叹德，遂致太平。

佛告诸沙门："理家者是吾身也，国王者弥勒是，鳖者阿难是，狐者鹙鹭子是，蛇者目连是，漂人者调达是。菩萨慈惠度无极行布施如是。"

注释

①**太山**：也作"泰山"，受道教影响，将阎魔王所统治之处称"太山"。

②**浊世**：五浊恶世，指娑婆世界。《阿弥陀经》：

"娑婆国土,五浊恶世。"

③龁:咬。

④八难:又称"八无暇",指见佛闻法的八种障碍。

⑤齰:咬。

⑥四非常:也称"四无常",指无常、苦、空、无我。文中有具体解释。

⑦殄:消灭、灭绝。

⑧识:在佛典中有多种含义,在此与"识灵"义同,为轮回转生的主体。

⑨六欲:指由六根引起的欲望;或由色、形貌、威仪姿态、言语声音、皮肤的嫩滑光洁、人相而引起的情欲。

⑩捵:犹"捣",拍打。

⑪根:梵文 Indriya 的意译,意谓"能生",具有促进增生作用(增上)的根本。《大乘义章》卷四:"能生名根",总分为二十二种,如眼根、耳根、鼻根、舌根、身根、意根、女根、男根等等。

⑫非身:即"无我"。

⑬炫煌:鲜明、光亮、耀眼。

译文

从前,菩萨曾经是大富翁,拥有无量财产。他一直尊奉三宝,慈悲心向众生。有一次他在街上见到有人卖鳖，心中非常悲伤，于是问卖主价钱多少。卖主知道菩萨有普慈宏悲之德，广济众生，再加又有数不尽的财富，所以无论贵贱，均不会拒绝。如此，卖主就道："一百万。你要就拿去，否则，我就回家煮了吃了。"菩萨答道："很好。"即照此价买下此鳖。

菩萨将鳖拿回家，用水洗净了它身上的伤口，然后将鳖带到海边放生。菩萨看着鳖渐渐远游，心中悲喜交集，发誓道："愿太山、饿鬼之类众生，牢监地狱中之受苦者，能早日免除其苦难，身安命全就像你现在这样。"然后他又面向十方稽首祷告，合掌发誓道："众生惶恐纷乱，其苦无量。我将成为天，成为地，为枯旱而降甘露，为漂溺于水者提供船筏，为饥渴者施舍食物、饮料，使天寒无衣者有衣御寒，使酷热中暑者能吹清凉之风，给病人良药，让盲人得见光明，如果碰上有浊世颠倒之时，我将在此中成佛度脱那些受苦受难的众生。"十方诸佛全都赞赏他的誓言，道："真好啊！您的志愿一定会实现。"

后来有天夜里，那鳖来咬他的门。菩萨听到门有声音，觉得很奇怪，派人出去查看，见是一只鳖，就回来告诉菩萨。于是菩萨走出门去看。只听那鳖忽然开口说人话："我受菩萨重恩，得以不死，保全性命，但却不能报答您的大恩大德。鳖为水中动物，能知水的涨落起伏。洪水很快就会来到，必定造成巨大的灾害。望您赶紧准备舟船，到时我会来迎接。"菩萨答道："很好。"第二天早晨，菩萨到皇宫将此事告诉国王。国王因为菩萨一直很有声望，所以听信其言，把住在低处的国民都迁到了高地。

洪水来时，那鳖真来了，道："洪水已经来了，您快下来，跟我走，可避灾无患。"一条船紧随其后，有条蛇在追那船，菩萨道："救下它吧！"鳖道："很好。"又见水面漂了一只狐狸，菩萨道："救下它吧！"鳖道："好。"又见水面上漂了个人，正打着自己的嘴巴，呼天抢地说："可怜可怜我，快救我吧！"菩萨道："救下他吧！"鳖却道："还是小心点，别救他算了。人心都虚伪不真，很少有自始至终讲信用的，背信弃义，贪求势利，喜欢行凶作恶。"菩萨道："动物你救了，却丢下人不管，这怎么能算是仁呢？我不忍心这样。"于是就将那人救上船来。那鳖道："您会后悔的。"于是那鳖将船引到一块丰饶的地带。鳖辞别道："我已报您的恩德，请允许告退。"菩萨答道："我如果能获得如来无所着至真正觉的话，一定度你。"鳖道："很好。"

鳖退走后，蛇、狐也都各自离去。狐狸找到一个洞穴居住，却在那里发现了古人藏在那里的紫磨名金，有一百斤重。它高兴地说："应当用此金来报菩萨的救命之恩。"于是赶紧回到菩萨那里,道:"小兽受恩获救得以保全性命。小兽为穴居之物,故求穴以自安,在穴中得到重有百斤的金子。此洞穴既非坟冢也非人家,此金既不是抢劫而得也不是偷窃而来,完全是因我精诚所致。我愿把此金献给圣贤。"菩萨心想:如果不要也是白白被损,对贫民百姓无益。我要是拿来布施,可使众生得以获助,不也是好事吗?于是就将金子拿了来。那个曾漂在水上的人见到了,说道:"分我一半。"菩萨就给了他十斤。那人却道:"你掘坟抢金,该当何罪?你不分一半给我,我一定报告有司。"菩萨答道:"百姓贫困,我想把金子平分给他们,现在让你独吞,不就太偏心了吗?"

那人于是报告了有司,菩萨被拘捕,什么也没说,只是一心归命三宝,悔过自责,慈心发愿众生能早日脱离八难,不要像我现在这样与人结怨。蛇、狐相会议论道:"这事该怎么办呢?"蛇道:"我有办法帮助他。"于是口里衔了良药,开门进入牢狱。蛇见菩萨脸色很不好,怆然心悲,对菩萨道:"您把这药收好,我将去咬太子,毒很厉害,无人能救。您拿了此药上奏国王,只要用药一敷,立刻就好。"菩萨沉默不语。蛇果如其言行事,太子命在旦夕。国王颁告全国道:"若有能救得太子命的,我将封其为相国,我与他共同治理国家。"

菩萨于是上奏,将药给太子一敷,立即就好了。国王非常高兴,询问其原因。囚犯将此事原原本本陈上。国王怅然自责道:"我真是太愚昧无知了。"于是杀了那个贪心的"漂人",大赦全国,封菩萨为相国,并与他手牵着手一起入宫并坐,国王问:"圣贤讲说何书,怀有何道,而能有天地之仁,施惠众生呢?"菩萨答道:"我讲说佛经,怀有佛道。"国王又问:"佛有要诀吗?"答道:"有。佛说有四无常在,由此众祸灭绝,神助福盛。"国王道:"太好了!但愿我能获此宝。"菩萨道:"乾坤终了之时,有七个太阳一起发光照射,大海干枯水尽,天地炯然发光,须弥山崩塌坏裂,天人鬼龙,众生身命,一下子就被烧得无踪无影。前世繁盛现在衰败,这就是所说的无常啊!明智之士持有无常的观念,谓天地都这样,官位爵禄、国家土地,又怎能长存不变?有这种观念的人才能有普慈的志向。"国王道:"天地尚且如此,更何况国家土地?佛所说的无常,我很相信呢!"

大富长者又道:"痛苦之中尤为痛苦的事,国王应该知道。"国王道:"愿聆听明诫。"菩萨道:"众生之识灵微妙难知,看起来无形,听起来无声,广于天下,高无尽头,如大海般无边无涯,轮回辗转永不停息。但是,因贪恋六欲,犹如大海尚满足不了众水流。所以多次经太山烧煮，诸毒众苦。于是有的成为饿鬼，烧化的铜水被灌入口中，在太山做苦役；有的变作畜生，被屠宰剥皮裂骨，死后还总是得又遭刀刃，痛苦无量；若得以为人，先是身在母胎十月，临生时之急迫，母宫的狭窄，致使犹若绳索绞身，而呱呱落地之时的痛苦就像从高空中堕下，被风所吹如火烧身，在温水中洗身甚于将烧化的铜液自灌于身，用手按摩身体犹如用刀在自剥。类似这样的种种苦痛，实在难以陈述。年长日久后，诸根都已熟又老化，头发斑白，牙齿陨落，内外均虚耗而无余，于是人为之伤心悲痛，转而成重病，四大将要分离，节节都疼痛不堪，坐卧都得靠人帮忙，医生来治反而更增烦恼，生命将要结束之时，体中各种风刀一起兴起，肢解身体，截筋碎骨，七窍全都堵塞，奄奄一息，灵魂消逝，又不知去哪里寻找新的投生之所。如果灵魂升天，天也有贫富贵贱，寿命也并非能无限制延长，福尽罪来，又要下太山为饿鬼畜生，这就叫作苦。"国王道："太好了，佛所说的关于苦的要领，我很相信呢！"

大富长者又道："所谓有必定就是空，就像两块木头相钻有火产生，火燃而木被烧，其结果是火木俱尽，二者皆空。往古时代先王的宫殿、臣民、百姓，现在都消失不见，这也是空啊。"国王道："太好了，佛所说的关于空的要领，我也很相信呢！"

大富长者又说:"身体就是地、水、火、风组成的。坚硬者为地,柔软者为水,热的是火,有气息的是风,命终灵魂离去,四大各自分离,不能保全,所以叫非身。"国王道:"太好了,佛所说的非身,我相信了。身体尚且不能保全,更何况国家土地呢?痛心的是我国的历代先王,却没有听闻佛的无上正真最正觉非常、苦、空、非身的教化啊。"

大富长者又道:"既然天地无常,谁又能保住国家呢?为什么不将所有的库藏拿来布施给那些贫困饥饿的人呢?"国王道:"太好了,贤明之师的教诲真让人痛快。"于是立即竭尽国库中之所藏来布施贫民百姓。对鳏寡孤儿就像对自己的双亲与孩子一样。百姓们都穿得很鲜艳、漂亮,再没有贫富之别。举国欢欣,大家每天走路都笑容满面,仰天赞叹道:"是菩萨的神通教化才有了今天!"四方都感叹菩萨的仁德,天下从此太平。

佛告诉众位沙门:"那大富长者就是我,国王是弥勒,鳖是阿难,狐狸是鹙鹭子,蛇是目连,漂人是调达。菩萨就是这样慈惠行布施度无极。"

2　戒度无极的故事

原典

戒度无极者,厥则云何?狂愚凶虐,好残生命,贪余盗窃,淫劮秽浊,两舌①恶骂,妄言②绮语③,嫉恚痴心,危亲戮圣,谤佛乱贤,取宗庙物,怀凶逆,毁三尊,如斯尤恶。宁就脯割,俎醢④市朝,终而不为。信佛三宝,四恩普济矣。

昔者菩萨,身为象王。其心弘远,照知有佛、有法、有比丘僧,常三自归⑤,每以普慈拯济众生,誓愿得佛当度一切。从五百象,时有两妻。象王于水中得一莲华,厥色甚妙,以惠嫡妻。嫡妻得华,欣怡曰:"水寒尤甚。何缘有斯华乎?"小妻贪嫉,恚而誓曰:"会以重毒鸩⑥杀汝矣。"

结气而殒，魂灵感化为四姓[7]女，颜华绝人，智意流通，博识古今，仰观天文，明时盛衰。王闻若兹，聘为夫人。至即陈治国之政，义合忠臣。王悦而敬之，每言辄从。夫人曰："吾梦睹六牙之象，心欲其牙以为佩玑，王不致之，吾即死矣。"王曰："无妖言也，人闻笑尔。"夫人言："相属心生忧结。"王请议臣四人，自云己梦，曰："古今有斯象乎？"一臣对曰："无有之也。"一臣曰："王不梦也。"臣曰："尝闻有之，所在弥远。"一臣曰："若能致之，帝释今翔于兹矣。"四臣即召四方射师问之。南方师曰："吾亡父常云，有之，然远难致。"臣上闻云："斯人知之。"

王即现之。夫人曰："汝直南行三千里，得山入山，行二日许，即至象所在也。道边作坑，除尔须发，着沙门服，于坑中射之，截取其牙。将二牙来。"师如命行，之象游处，先射象，着法服持钵，于坑中止住。象王见沙门，即低头言："和南[8]道士！将以何事贼吾躯命？"曰："欲得汝牙。"象曰："吾痛难忍，疾取牙去，无乱吾心，令恶念生也。志念恶者死入太山、饿鬼、畜生道中。夫怀忍行慈，恶来善往，菩萨之上行也。正使俎骨脯肉，终不违斯行也。修斯行者死辄上天，疾得灭度矣。"人即截牙。象曰："道士当却行，无令群象寻足迹也。"象适人去远，其痛难忍，躄地大呼，奄忽而死，即生天上。群象四来，咸曰："何人杀吾王者？"行索不得，还守王哀号。师以牙还，王睹象牙，心即恫怖。夫人以牙着手中，适欲视之，雷电霹雳椎之，吐血死入地狱。

佛告诸沙门："尔时象王者我身是也，大妇者瞿夷是，猎者调达是，小夫人者好首是。菩萨执志度无极行持戒如是。"

注释

①**两舌**：十恶业之一，指言语反复，搬弄是非。《大乘义章》卷七："言乖彼此，谓之为两。两朋之言依于舌，故曰两舌。"

②**妄言**：也作"妄语"，十恶业之一，指为了欺骗他人而说假话。《大乘义章》卷七："言不当实，故称为妄，妄有所谈，故名妄语。"

③**绮语**：十恶业之一，指所有含有淫秽之意的言语。《大乘义章》卷七："邪言不正，其犹绮色。从喻立称，故名绮语。"

④**脯割，俎醢**：均为古代的酷刑。脯本指干肉，俎指切肉用的砧板，醢指肉酱。在此则指被宰割，杀死后剁成肉酱，晒成干肉。

⑤**三自归**：将自己皈依于佛、法、僧三宝。

⑥**毒鸠**：传说中一种有毒的鸟，喜欢吃蛇，羽毛为紫绿色，放在酒中能毒死人。所以也可指用鸠的毛泡成的毒酒。

⑦**四姓**：本应是古印度的四种姓，在此引申指地位崇高的人、贵族。

⑧**和南**：礼仪。即敬礼、致礼、礼拜。

译文

所谓持戒度无极，说的是什么呢？有众生愚昧无知、狂暴凶恶，喜欢残害生命；有众生贪财偷盗，淫欲污浊；有众生喜欢搬弄是非，相互恶骂；有众生言语无实，淫秽荒诞；有众生嫉妒他人，心痴愤恨；有众生危害亲人，杀戮圣人；有众生毁谤佛陀，中伤贤者；还有的众生窃取宗庙之中神圣之物，心怀狠毒恶逆，毁坏三宝，如此更加可恶。宁可去被人宰割，剁成肉酱在街上卖，也不能做这些事。崇信三宝，就可得四恩普济。

象王的故事

从前，菩萨曾经是象王。象王心胸宽广，明晓有佛、有法、有比丘僧人，一直自我修道皈依三宝，总是以宏大慈悲心拯救众生，发愿立誓若能成佛，将度脱一切众生。象王共率五百头象，有两个妻子。有一次，象王从水中采得一朵莲花，颜色非常漂亮，就将花送给正妻。正妻得到此花，非常高兴，道："水那么寒冷，怎么会开出这般美丽的花呢？"象王的小妻贪婪嫉妒，心有恨意而发誓："我将用那最毒的毒鸩来杀死你。"

当时这小妇人就因气结而身亡，其灵魂感化为贵族人家的女儿，颜面如花似玉，美丽无比，且智慧聪明，博古通今，还能仰观天文而知时世之盛衰。国王知道后，就聘其为皇后。她一入宫，就向国王呈献治国的建议，颇合忠臣之义。国王很高兴，从而对她很崇敬，总是言听计从。有一次，夫人道："我曾经梦见有六牙之象，我想用象牙做耳环，大王如果不替我弄来的话，我就要死了。"国王道："别瞎说了，旁人听了会笑。"夫人道："您看我已心生忧结。"国王于是请了四位大臣来商议此事，说自己曾有此梦，问："从古到今有过这样的象吗？"一位大臣答道："没有。"一位大臣道："大王没有做此梦。"一位大臣道："倒是听说有，但在很远的地方。"一位大臣道："如果能到那个地方的话，帝释天现在就要飞到这里来了。"四位大臣于是就召集四方的射师询问关于此象。南方的射师道："曾常听我死去的父亲说有此象，但极其遥远，很难到达。"大臣们将此事奏闻国王，说："这个人知道。"

国王就召来了那位射师。夫人对他道："你一直往南走三千里，见到一座山就进山，再走两天多，就到了象所在的地方。你在路边挖个坑，剃掉须发，穿上沙门的衣服，在坑中射那象，然后截取象牙。拿两根象牙回来。"射师遵命而前行，来到象所游玩的地方，先射象，然后穿袈裟持钵盂，停在坑中。象王见沙门，就低头说道："敬礼道士！您为什么要射伤我的躯体呢？"答道："想要你的牙。"象王道："我疼痛难忍，您快把我的牙拿去，不要扰乱我心，令我产生恶念。心中怀有恶念的人，死后将入太山、饿鬼、畜生道中。而心怀忍辱、慈悲，以己之善报人之恶，是菩萨高尚的品行。我即使粉身碎骨，也终不违逆。修习此行的人死后就上天，很快可得灭度。"此人即截取象牙。象王道："道士应当赶紧往回走，别让群象找到您的脚印。"象王等那人走远，疼痛难忍无比，倒地大叫，一下子就死了，立即往生天上。群象闻声从四方奔来，齐道："是谁杀了我们的大王？"四处搜寻不到，又回来围着象王尸首哀号。射师拿了象牙回到王宫，国王见到象牙，心中忍不住悲伤恐怖。夫人把象牙拿在手中，正想要仔细看，忽然电闪雷鸣，一声震天的霹雳将她击倒，吐血而死，被打入地狱。

佛告诉众位沙门："当时的象王就是我。大妇正妻是瞿夷，猎人是调达，小夫人是好首。菩萨就是如此意志坚定行持戒度无极。"

兄长（猕猴）的故事

原典

昔者菩萨，无数劫时，兄弟资货，求利养亲。之于异国，令弟以珠现其国王。王睹弟颜华欣然可之，以女许焉，求珠千万。弟还告兄。兄追之王所。王又睹兄容貌堂堂，言辄圣典，雅相难齐，王重嘉焉，转女许之。女情逸豫①。兄心存曰：婿伯即父，叔妻即子，斯有父子之亲，岂有嫁娶之道乎？斯王处人君之尊，而为禽兽之行。即引弟退。女登台望曰："吾为魅蛊②食兄肝可乎？"

展转生死，兄为猕猴，女与弟俱为鳖。鳖妻有疾，思食猕猴肝，雄行求焉。睹猕猴下饮，鳖曰："尔尝睹乐乎？"答曰："未也。"曰："吾舍有妙乐，尔欲观乎？"曰："然。"鳖曰："尔升吾背，将尔观矣。"升背随焉。半溪，鳖曰："吾妻思食尔肝，水中何乐之有乎？"猕猴心恧然曰：夫戒守善之常也，权济难之大矣。曰："尔不早云，吾以肝悬彼树上。"鳖信而还。猕猴上岸曰："死鳖虫，岂有腹中肝而当悬树者乎？"

佛告诸比丘："兄者即吾身是也，常执贞净，终不犯淫乱，毕宿余殃堕猕猴中。弟及王女俱受鳖身，雄者调达是，雌者调达妻是。菩萨执志度无极行持戒如是。"

注释

①**逸豫**：高兴。
②**蛊**：毒虫。

译文

从前，在许多许多劫以前，菩萨为兄长，与其弟一起出外贩货求利抚养双亲。到了另外一个国家，哥哥让弟弟把带的珠子献给国王看。国王见其弟容颜若华，非常喜欢，就将女儿许配他，又买了成千上万的珠子。弟弟回去将此事告诉哥哥。哥哥于是追到王宫。国王又见当哥哥的相貌堂堂，言辞典雅，无与伦比，国王更加喜欢，转头又将女儿许配给兄长。此女心中大喜。哥哥心中想到：丈夫的哥哥犹如父亲，弟弟的妻子就像孩子，这有父子亲情关系在内，怎能行嫁娶之道呢？这国王身处人君之尊位，但所作所为却全如禽兽一般。

于是就带着弟弟离开了。那女人登上高台看着兄弟俩离去，道："我要做鬼怪毒虫吃掉你这当哥哥的肝，大概总可以吧？"

几度生死轮回，哥哥变成了猕猴，那女人与弟弟都成了鳖，且是夫妇。鳖妻生了病，想吃猕猴的肝，鳖夫于是就出去寻找。正好见猕猴下山找水喝，就道："你听过美妙的音乐吗？"猕猴答道："没有啊。"鳖道："我家中有美音妙乐，你不想参观一下吗？"答道："想。"鳖道："你坐到我的背上，我带你去。"于是，猕猴跳到鳖的背上随其前往。走了一半，鳖忍不住道："我的妻子想吃你的肝，水中哪会有什么美妙的音乐呢？"猕猴心中很是惭愧，道：戒律常用以守护善法，权势多用于周济苦难。于是对鳖道："你为什么不早说呢？我把肝挂在那树上呢！"鳖信以为真，于是又游了回来。猕猴跳上岸道："该死的鳖，怎么会有肚子里的肝却挂在树上的？"

佛告诉众比丘："那哥哥就是我，一直保持贞洁清净，始终不犯淫乱。因须了前世余殃而身堕为猕猴。弟弟及那国王之女均身堕为鳖，雄的是调达，雌的是调达的妻子。菩萨就是如此意志坚定行持戒度无极。"

墓魄太子的故事

原典

闻如是：一时佛在闻物国①祇树给孤独园②，是时佛告诸沙门：往昔有国名波罗奈③。王有太子，名曰墓魄。生有无穷之明，过去、现在、未来众事，其智无疑。端正晖光，犹星中月。王唯有一子，国无不爱。而年十三，闭口不言，有若喑人④。王后忧焉。呼诸梵志，问其所由。对曰："斯为不祥也。端正不言，何益大王？后宫无嗣，岂非彼害哉？法宜生埋之，必有贵嗣。"王即恧然入与后议。后逮宫人靡不哀恸，嗟⑤曰："奈何太子，禄薄生获斯殃？"哀者塞路，犹有大丧。具着宝服，以付丧夫。丧夫夺其名服睹共为冢。

墓魄惟曰：王逮国人信吾真喑。即默敛衣，入水净浴，以香涂身，具着宝服，临圹呼曰："尔等胡为？"答曰："太子喑聋，为国无嗣。王命生埋，冀生贤嗣。"曰："吾即墓魄矣。"丧夫视车豁然空虚，观其形容，曜曜有光，草野遐迩犹日之明。圣灵巨势，神动灵祇。丧夫巨细靡不慑惊，两两相视，颜貌黄青。言成文章靡不畏焉。仰天而曰："太子灵德乃之于斯。"即叩头陈曰："愿旋宁王令众不嗟。"太子曰："尔疾启王云吾能言。"

人即驰闻。王后兆民甚怪所以，心欢称善，靡不悦豫。车驰人奔，殷⑥填塞路。

墓魄曰：吾获为沙门虚静之行，不亦善乎？意始如之。帝释即化为苑池树木，非世所睹。即去众宝衣，化为袈裟。王到已，太子五体投地，稽首如礼。王即就坐，闻其言声，光影威灵，二仪为动。王喜喻曰："吾有尔来，举国敬爱。当嗣天位，为民父母。"对曰："惟愿大王，哀采微言。吾昔尝为斯国王，名曰须念。处国临民二十五年，身奉十善⑦育民以慈。鞭杖众兵都息不行，囹圄无系囚，路无怨嗟声。惠施流布，润无不周。但以出游翼从甚众，导臣驰除，黎庶惶惧，终入太山烧煮割裂，积六万年，求死不得，呼嗟无救。当尔之时，内有九亲，表有臣民，资财亿载，众乐无极，宁知吾入太山地狱烧煮众痛无极之苦乎？生存之荣，妻子臣民，孰能分取诸苦去乎？惟彼诸毒其为无量。每壹忆之心怛⑧骨楚⑨，身为虚汗，毛为寒竖。言往祸来，夭追影寻。虽欲发言惧复获咎，太山之苦难可再更，是以缩舌都欲无言。始十三年，而妖导师令王生埋吾。惧大王获太山之咎，势复一言耳。今欲为沙门，守无欲之行，堵众祸之门，不复为王矣，愿无怪焉。"

王曰："尔为令⑩君，行高德尊，率民以道，过犹丝发，非人所忆，以之获罪，酷裂乃如之耶。如吾今为人主，从心所欲，不奉正法，终当何之乎？"即听学道。王还治国以正不邪，遂致丰乐。墓魄即自敛情绝欲，志进道真，遂至得佛。广说景模，拯济众生，以至灭度。

佛告诸比丘："时墓魄者吾身是也，父王者今白净王是也，母者吾母今摩耶⑪是也。夫荣、色、邪、乐者，烧身之炉矣。清净澹泊，无患之家矣。若欲免难离罪者，无失佛教也。为道虽苦犹胜处夫三涂⑫，为人即远贫窭，不处八难矣。学道之志当如佛行也，欲获缘觉、应真、灭度者，取之可得。"佛说经竟，诸沙门莫不欢喜，稽首作礼。

注释

①**闻物国**：即舍卫国。唐玄应《一切经音义》卷八："闻物国，谓舍卫国。"《十二游经》文云："无物不有国也。"

②**祇树给孤独园**：也作"祇园""给孤独园""祇园精舍"等。憍萨罗国给孤独长者崇仰释迦牟尼佛祖，用金钱从波斯匿王太子处买下了舍卫城南的花园，建筑精舍，献给释迦牟尼。祇陀太子又将园中的树木花草送给释迦世尊，故后人称此园为"祇树给孤独园"。

③**波罗奈**：也作"波罗捺""波罗疮"等，古国名。

④**喑人**：哑巴。喑，义为哑，不能说话；或指默不作声。

⑤**嗟**：叹息。

⑥**殷**：众多。

⑦**十善**：不犯十种恶行称十善。十恶为：（一）杀生，（二）偷盗，（三）邪淫，（四）妄语，（五）两舌，（六）恶口，（七）绮语，（八）贪欲，（九）嗔恚，（十）邪见。

⑧**怛**：痛苦，忧伤，惊恐。

⑨**楚**：痛苦。

⑩**令**：美、好。

⑪**摩耶**：即摩耶夫人，释迦牟尼的生母。

⑫**三涂**：也称"三恶道""三恶趣"，即指行恶者所得的三种归宿：地狱、畜生、饿鬼。

译文

我曾经听佛这样说过：从前佛陀在闻物国的祇树给孤独园中，当时佛告诉众位沙门：从前有个国家名叫波罗奈。国王有太子名叫墓魄。太子智慧无穷，过去、现在、未来所有的事，没有不知道的。太子又生得仪表端正，容光焕发，犹如众星所拱之明月。国王唯有此一子，所以全国人民都非常爱戴。然而太子十三岁了却仍不开口说话，就像哑巴。王后发愁。于是国王就请众梵志来商议此事。梵志们道："这不是好兆头。虽然相貌端正，但却不会说话，对大王有什么好处？后宫之中没有子嗣，难道不是他害的吗？该依法将他活埋，大王定能得贵子。"国王心中不安，即入内与皇后商量。皇后及宫人个个悲哀恸哭，叹道："太子怎么会这么没有福分，活生生地遭受如此灾殃呢？"举哀者挤满了道路，就像国有大丧。太子穿过的宝服被拿来给了丧夫。丧夫到城外又将太子所穿的衣服、珠宝全都抢了去，然后一起造冢做墓。

墓魄想到：国王及国人都相信我真的是哑巴了。于是默默地收拾起被丧夫抢去的衣物，到水中洗净了身子，往身上涂上了香，穿上名贵的宝服，走到墓场喊道："你们这是干什么？"丧夫们答道："太子又聋又哑，致使国家后继无人。国王命令将其活埋，希望能生贵子。"墓魄道："我就是墓魄。"丧夫们一看车内，空空如也，墓魄早不在了，而说话的这个人，脸上闪闪发光，把远近照得透亮，就像天上的太阳那么明亮。圣灵的巨大力量，惊动天地众神。丧夫们一个个都又惊又怕，你看看我，我看看你，个个脸色又黄又青。听太子出口成章，没有不畏惧的。丧夫们向天叹道："这是因为太子的灵德才达到这样的程度。"于是一个个叩头陈请道："希望能赶紧使王令取消，众人不再悲叹。"太子道："你们快去告诉国王，说我能说话。"于是众人飞奔回去，奏闻国王。王后及百姓都感到很奇怪，又很高兴，连连称好，一个个欢天喜地。于是车马飞驰，众人奔跃而赶来，连路都堵了起来。

墓魄心想：我要是能成为沙门，修习无为清净之行，不也很好吗？太子刚有此意，马上就如愿了。帝释变作庭苑、池塘、树木，均为世上人所没有见过的。脱去了太子华贵的衣服，变成了袈裟。国王到后，太子五体投地，依礼叩拜。国王当即坐下，听太子言语典雅，声音洪亮，又见太子光影辉煌，神祇威灵，天地为之震动，心中大喜，道："我有你来，举国敬爱。你该继承王位，为民之父母。"太子对道："只盼大王能发慈悲，听我几句微言。从前我曾是这个国家的国王，名叫须念。在位执政二十五年，我奉行十善，以慈悲之心养育百姓。鞭杖刀枪全都收起，不再使用，监狱中没有囚犯，路上也听不到悲怨叹息之声。就这样惠施流布，润泽周遍。但是却因出游之时随从太多，大臣为开路而驱除百姓，使百姓惶恐不安，所以最后入太山，被烧煮割裂，共有六万年，求死不得，呼喊无救。那个时候，家中有许多亲人，国家有群臣百姓。他们都拥有亿万财产，享受着无穷无尽的欢乐，难道会知道我在太山地狱之中被烧煮割裂的无穷无尽的痛苦吗？妻子臣民享受着生存的荣华富贵，谁能为我分担这么多的痛苦呢？只有那种种毒刑，数也数不清。所以，我只要一想起那些，就心惊胆跳，全身虚汗，寒毛直竖。只怕说话招来灾祸，而灾祸总像影子似的一直跟着我。即使想说话，又怕重犯入太山之罪过，太山地狱的苦难实在不能再有了，所以总是闭口缩舌一直不说话。如此十三年，但那些邪恶的大臣却让国王将我活埋。我怕大王会遭太山之苦，所以要开口对大王讲说这番话。现在我想做沙门，修习清净无欲之道，堵住众祸诸难之门，不再做国王，请大王不要怪罪。"

国王道："你是圣明的君主，品行高尚，仁德广厚，以道治国治民，所犯的过错细如发丝，人们想都想不出来，但却因之获罪，受如此残酷的惩罚。像我现在这样作为一国之君，为所欲为，不奉行正法，最后将会有什么结果啊？"于是听任墓魄学道修行。回国以后，国王以正法治理国家，不再听信妖道邪言，结果国家丰盛，百姓欢乐。而墓魄则自己约束情感灭绝欲念，一心修道，立志精进，最后终于得以成佛。墓魄将自己的经历作为例子到处向众生宣讲，为了能拯救他们以至能涅槃解脱。

佛告诉众位比丘:"那时的墓魄就是我,父王就是净饭王,王后就是我的母亲摩耶夫人。那荣华、美色、邪恶、娱乐,都是烧身之炉;而唯有清净淡泊,才是无患之家。若想避免苦难,脱离罪恶,就不能离开佛教。修道虽然辛苦,但远胜于身处三恶道中,做人就会没有贫困,不处八难之地了。有学道之志者,应按佛所教化的那样去做,想要获得缘觉、罗汉、涅槃的话,随即可得。"佛说完经后,众沙门一个个高高兴兴,稽首作礼。

顶生王的故事

原典

闻如是:一时佛在舍卫国祇树给孤独园。是时阿难闲居深惟,众生自始至终,厌五欲①者少。过日中后至向佛所,稽首毕退白言:"唯世尊,吾闲坐深惟,众生知足者少,不厌五欲者众。"世尊叹曰:"善哉!善哉!如尔之云。所以然者。"

"往古有王,名曰顶生。东西南北靡不臣属。王有七宝:飞转金轮、白象、绀色②马、明月珠、玉女妻、圣辅臣、典兵臣。王斯七宝睹世希有。又有千子,端正妍雅,聪明博智,天下称圣,猛力伏众有如师子也。王既圣且仁，普天乐属，寿有亿数。王意存曰：吾有拘耶尼③一天下，地纵广三十二万里，黎庶炽盛，五谷丰沃，比门巨富，世所希有，吾国兼焉。虽其然者，愿彼皇乾，雨金银钱，七日七夜，惠吾若兹，不亦善乎？天从其愿，下二宝钱，满其境界。天宝之明，奕奕曜国。王喜无量，天下拜贺。日与群臣，欢喜相乐。民皆称善，获无极乐。

"数千万岁，王又念曰：吾有西土，三十二万里，七宝之荣，千子光国，天雨宝钱，世未尝有。虽其然者，吾闻南方有阎浮提④，地广长二十八万里，黎庶众多，靡求不获，吾得彼土不亦快乎？王意始存，金轮南向，七宝四兵⑤轻举飞行，俱到其土。彼王臣民靡不喜从，其土君民，终日欣欣，王正教化。

"年数如上，王又念曰：吾有西土，今获南土，天人众宝何求不有？今闻东方弗于逮⑥土三十六万里。其土君民，宝谷诸珍无愿不有，吾获其土不亦快乎？口始云尔，金轮东向，七宝四兵飞行俱至。君臣黎庶靡不乐属。又以正法仁化君民，比门怀德。

"年数如上，王又念曰：吾有西土、南土、东土，天人众宝无珍不有。今闻北方郁单越⑦土，吾获王之不亦善乎？开口言愿，金轮北向，七宝四兵俱飞如前。始入其界，遥睹地青如翠羽色。王曰：'尔等睹青地乎？'

对曰：'见之。'曰：'斯郁单越地。'又睹白地。曰：'睹之。'曰：'斯成捣稻米，尔等食之。'又睹诸宝树，众软妙衣，臂钏指环，璎珞众奇，皆悬着树。曰：'睹之乎？'对曰：'唯然。'曰：'尔等服之。'王治以仁，化民以恕。

居彼年久，其数如上，"又生意曰：吾有三天下，今获北方四十万里，意欲升忉利天⑧之帝释所。王意始然，金轮上向，七宝四兵飞行升天，入帝释宫⑨。释睹王来，欣迎之曰：'数服高名，久欲相见，翔兹快乎？'执手共坐，以半座坐之。王左右顾视，睹天宫殿，黄金、白银、水精、琉璃、珊瑚、虎珀、车渠⑩、真珠以为宫殿，睹之心欣，即又念曰：吾有四国，宝钱无数。斯荣难云，令天帝殒，吾处其位，不亦上愿乎？恶念兴而神足灭。释还之故宫，即获重病。

"辅臣问曰：'天王疾笃，若在不讳⑪，将有遗命乎？'王曰：'如有问，王何以丧身？答如所睹，以贪获病，遂致丧身。夫贪，残命之刃，亡国之基也。去三尊，处三涂，靡不由之。戒后来嗣，以贪痴火烧身之本也，慎无贪矣。夫荣尊者其祸高矣，宝多者其怨众矣。'王终后嗣诵其贪戒，传世为宝。四天下民尊其仁化，奉三尊，行十善，以为治法，遂致永福。"

世尊曰："睹世少能去荣贵、捐五欲者，惟获沟港[12]、频来[13]、不还[14]、应仪、缘觉、无上正真道最正觉道法御天人师,能绝之耳。飞行皇帝[15],所以存即获愿不违心者,宿命布施、持戒、忍辱、精进、禅定、智慧之所致,不空获也。顶生王者吾身是也。"佛说经竟,阿难欢喜为佛作礼。

注释

①**五欲**:也叫"五妙欲""五欲德",指为追求色、声、香、味、触"五境"而起的五种情欲。《大智度论》卷十七:"着五欲者,名为妙色、声、香、味、触。"也用以称财欲、色欲、饮食欲、名欲(名誉欲)、睡眠欲。佛家将"五欲"看作众生流转生死的直接原因。

②**绀色**:一种深青带红的颜色。

③**拘耶尼**:即西牛货洲,"四大部洲"之一。位于须弥山之西方咸海中,因以牛为货币,故名。

④**阎浮提**:即南赡部洲,"四大部洲"之一。位于须弥山之南方咸海中,上面生长有许多赡部树。一般都泛指人间世界。

⑤**四兵**:指象兵、马兵、车兵、步兵,为转轮王所拥有。

⑥**弗于逮**:即东胜身洲,"四大部洲"之一。位于

须弥山之东方咸海中。据说此洲人身殊胜，故名。

⑦**郁单越**：即北俱卢洲，"四大部洲"之一。位于须弥山之北方咸海中。据说此洲富足，人们享有千年之寿，为四洲中最胜之地。

⑧**忉利天**：梵文 Trāyastrimśa 的音译，意译作"三十三天"。六欲天之一。谓在须弥山顶中央为帝释天，四方各有八天，共三十三天。《大智度论》卷九："须弥山高八万四千由旬，上有三十三天城。"

⑨**帝释宫**：即须弥山顶的宫殿，名"善见"，为天帝释所居。

⑩**车渠**：指白珊瑚及贝壳所制之物。

⑪**不讳**：死亡的婉辞。

⑫**沟港**：本义为流水处，在此喻指"入流"，声闻四果中的第一果须陀洹果，也作"预流""逆流"，谓凡夫初入圣道之法流。

⑬**频来**：声闻四果中的第二果斯陀含果，也作"一来"，义为欲界之人与天一往来。"频"为"顿"之误。据玄应《一切经音义》卷三："频来言斯陀含也。"此云一往来也。频字应误也，字宜作顿。

⑭**不还**：声闻乘四果中的第三果阿那含果，义为断尽欲惑后三品的残余，不再还来欲界的果位。

⑮**飞行皇帝**：在此即指顶生王。

译文

曾经这样听说过：从前佛陀有一次在舍卫国的祇树给孤独园中。当时阿难闲居深思，认为众生自始至终都很少有满足于五欲的。于是，日中过后，阿难来到佛的住地，稽首作礼完后，退到一旁，对佛说道："世尊啊！我闲坐时深思，深觉众生知足者很少，不满足于五欲的人很多。"世尊感叹道："是啊！是啊！你说得很对。之所以这样，你听我说。

"古时有个国王，名叫顶生。东、西、南、北都是他的臣属。顶生王拥有七宝：飞转金轮、白象、绀色马、明月珠、玉女妻、圣辅臣、典兵臣。顶生王的这七样宝贝世上少有。顶生王还有一千名王子，个个生得端正美雅，聪明博智；又个个勇猛有力能使众人降服，犹如狮子降伏百兽一样，如此千子，受到天下一致称赞。顶生王既贤圣又仁惠，普天下的人都乐意归顺，国土长寿亿岁。有一次，顶生王心中想到：我现有拘耶尼这个地方，土地纵横有三十二万里之广，人丁兴旺，五谷丰收，家家都是大富翁，世上少有。此地现归属我国。虽然是这样，要是那里的皇天能七天七夜撒落金钱银钱，如此加惠于我的话，那该多好啊！上天满足了他的愿望，下金钱银钱，其国境内遍地都是。金银财宝之光，照亮全国。顶生王欢心无比,天下人都来朝拜庆贺。顶生王天天都与群臣一起欢喜相庆,人民都称赞歌颂,从而从中获得了无穷的快乐。

"过了几千万年后,顶生王又念道:我有西方三十二万里的土地,又拥有七种宝贝,又有千位王子光耀国家,上天又撒落金银宝钱,这些均为世上所从未有。虽然如此,我听说南方有个叫阎浮提的地方,土地纵横有二十八万里,百姓众多,要什么就有什么。我要是能得到那块土地,那该多快活啊!顶生王刚有此念头,金轮转向南方,七宝四兵轻快地起飞,全部到达阎浮提。那里的国王、臣民无不欢喜服从,终日欢欣,顶生王以正法教化。

"又过了几千万年,顶生王又念道:我有西方,现在又得到了南方,天人与所有珍宝有什么我得不到的?我听说东方弗于逮洲有土地三十六万里。那里的君臣百姓,无论是财宝,还是良谷,所有珍贵之物,没有什么得不到的。我要是能得到那地,又该多开心啊!口中刚刚这么提起,金轮朝东,七宝四兵一齐飞行,很快就到。那里的君臣百姓无不乐意归属。顶生王又以正法仁德教化君民,每家每户都满怀仁义道德。

"又过了几千万年,顶生王又念道:我已拥有西土、南土、东土,天人及各种珍宝应有尽有。现在听说北方有郁单越洲,我要是能到这块地方并来治理它,那又该多好啊!刚张口提起此愿,金轮向北,七宝四兵一齐像先前那样朝北飞去。刚开始进入其领地,远远地能见地面呈现出像翠鸟羽毛那样的翠绿色。顶生王问:'你们见到了那翠绿色的地面了吗?'答曰:'见到了。''这就是郁单越的土地。'又见有白色的地面,顶生王问众人,大家回答说见到了。顶生王道:'这都是捣的稻米,你们吃吧!'又见有许多宝树,许多柔软美丽的衣服、手镯、戒指、耳环、璎珞等珠光宝器,都挂在树上。顶生王问:'你们都看见了吗?'众人答:'全都看见了。'顶生王道:'你们可以穿,可以用。'顶生王用仁义治理国家,以宽恕教化人民。

"又过了几千万年,顶生王又心生念头道:我本拥有三方天下,现在又得到了北方四十万里土地,现在我想往上到忉利天到帝释那里去。顶生王刚有此念头,金轮就向上,七宝四兵一齐朝上飞到天上,进了帝释的宫殿。帝释见顶生王来到,欣然相迎道:'久仰大名,早就盼能相见,您能来这里,我真是很高兴啊!'说着,拉着顶生王的手与其一起坐下,并将自己的宝座让出一半给他。顶生王环顾左右,见帝释宫殿均用黄金、白银、水晶、琉璃、珊瑚、琥珀、车渠、珍珠制成,顶生王见后很高兴,又萌生了这样的念头:我已拥有四国,又有无数财宝，但帝释宫内的荣华实在难以描绘，要是让天帝丧命，我坐上帝释的宝座，不就能达到我更高一层的愿望了吗？如此恶念刚兴起神足即刻全灭。帝释将他送回故宫，很快就重病不起。

"大臣们问道：'大王病得很厉害，万一有不测，有什么遗命吗？'顶生王道：'如果有人问：顶生王怎么死的？就将你们所见的告诉他们，是因为贪婪而得病，以致丧命。所以，贪婪是残杀生命的刀剑，是亡国的根本。众生之所以远离三尊，身处三涂，没有不是因为贪婪的缘故。告诫后代子子孙孙，因为贪痴是毁灭身命的最根本之火，所以千万要谨慎，不要生贪婪之心啊！越是荣华尊贵的人，他的灾祸可能也就越大；越是拥有财宝多的人，他的怨家对头也就越多。'顶生王命终后，他的后代诵念、牢记他留下的贪戒，并把它作为传世之宝。四天下的人民遵照他的仁义教化，尊奉三尊，奉行十善，以正法为治，于是得到了永远的幸福。"

世尊道："我看世上能远离荣华富贵、抛弃五欲的人很少，只有获得声闻四果、缘觉、无上正真道最正觉道法御天人师者，才能断绝这一切。那顶生王，之所以能心想事成，是因为过去世行布施、持戒、忍辱、精进、禅定、智慧的结果，并非无缘无故而空获这一切。顶生王就是我。"佛陀说完了此经，阿难欢欢喜喜地对佛行礼。

国王的故事

原典

昔者菩萨，兄弟三人，遭世枯旱，黎民相啖。俱行索食，以济微命。经历山险，乏食有日。两兄各云："以妇济命，可乎？"大兄，先杀其妻，分为五分。小弟仁恻，哀而不食。中兄复杀。弟殊哽噎。两兄欲杀弟妻。弟曰："杀彼全己，非佛仁道，吾不为也。"

将妻入山，采果自供。处山历年。山中有一跛人，妇与私通，谋杀其婿，诡曰："妾义当劳养，而君为之。明日翼从，愿俱历苦。"曰："山甚险阻，尔无行也。"三辞不从，遂便俱行。妇睹山高谷深，排婿落之。水边有神，神接令安。妇喜得所，还跛共居。婿寻水行，睹商人焉。本末自陈，商人愍之，载至丰国。

其国王崩，又无太子，群臣相让，适无立者，令梵志占。行路之人有应相者，立之为王。梵志睹菩萨，即曰："善哉！斯有道之君，可为兆民天仁之覆矣。"群僚黎庶，挥泪叹善，莫不称寿，奉载入宫，授以帝位。即以四等养民，众邪之术，都废之矣。授以五戒①，宣布十善，率土持戒，于是天帝祐护其国。鬼妖奔迸，毒气消歇，谷果丰熟。邻国化正，仇憾更亲，襁负②云集。

妇婴其跛婿，入国乞丐。陈昔将婿避世之难，今来归仁。国人巨细莫不雅奇，佥曰："贤妇可书矣。"夫人曰："可重赐也。"王即见妇。问曰："识天子不？"妇怖叩头。王为宫人本末陈之。执正臣曰："斯可戮矣。"王曰："诸佛以仁为三界③上宝，吾宁殒躯命，不去仁道也。"夫人使人驱之出国，扫其足迹。

佛告鹜鹭子："王者吾身是，跛人者调达是，妇者好首是也。菩萨执志度无极行持戒如是。"

注释

①**五戒**：在家修行者终身所应遵守的五条戒条。即（一）不杀生，（二）不偷盗，（三）不邪淫，（四）不妄语，（五）不饮酒。《大乘义章》卷十二："言五戒者，所谓不杀、不盗、不邪淫、不妄（语）、不饮酒，是其五戒也。此五能防故名为戒。前三防身，次一防口，后之一种通防身口，护前四故。"

②**襁负**：用布包着婴儿背着，在此形容人们拖儿带女地投奔而来。

③**三界**：指世俗世界的三种境界：欲界、色界、无色界。

译文

从前,菩萨有两个哥哥,共兄弟三人,遭逢世上大旱,黎民相互吞食。兄弟三人为了活命,一起出去寻找食物。经过高山险谷时,好几天没有吃的。两个哥哥各道:"先用老婆来救命,大概也行吧?"于是大哥就先杀了自己的老婆,分成五份。小弟仁慈,为此非常伤心,不肯吃。二哥又杀了自己的老婆。小弟更是哽噎悲哀。两个哥哥要杀弟妻。小弟道:"靠杀掉别人而保全自己,不是佛的仁义道德,我不能这么做。"

于是他把妻子带进深山,靠摘采野果而过活。就这么在山中住了不少年数。山中有个瘸子,与此妇人私妍,妇人蓄意杀死其夫,于是用诡计道:"按理该是卑妾劳作供养夫君,现在却是靠夫君养活。明天我想随夫君一起,但愿能一起经历苦难。"其夫道:"山势很险,你不要去。"三次推辞妇人不听,于是第二天两人同行。妇人见山高谷深,从后将其夫推下深谷。谷下有条河,河边有神仙,神仙接住那人,使其未受伤害。那妇自以为得逞,非常高兴,回去就与那瘸子同住在一起了。那人沿水边行走,遇见一群商人。他把事情的经过原原本本说了出来,很得商人同情,商人于是将他带到一个大富之国。

这个国家的国王驾崩了，又没有太子继位，群臣相互谦让，找不出合适的人可以当国王的，于是就找了位梵志来占卜。路上的行人只要有合乎此相的，就立其为王。梵志一见菩萨就道："善哉，这位就是有道之君啊！他会为百姓创造幸福，将天仁施之于全国。"群臣百姓，个个挥泪称好，齐声祝愿万寿无疆。大家将菩萨迎进宫去，立为国王。新国王即以慈、悲、喜、舍四无量心养育人民，所有邪恶之术，全部废除。国王又对百姓授以五戒，宣扬广布十善，全国百姓都持戒，于是天帝也保护这个国家。妖魔鬼怪奔走逃窜，毒害气体消散不闻，五谷丰登，瓜果丰熟。国王对邻国施以正化，于是化仇消憾重新为亲，四方百姓拖儿带女云集而来。

那淫妇也搀扶着瘸子女婿入国乞讨。她对国人讲述，说她过去曾为了躲避世难而带了丈夫进深山，现在特来归仁。一国之人莫不感到非常奇怪，都道："如此贤惠的妇人可以载入史册了。"国王夫人道："该得以重赏。"于是国王召见此妇。国王一见就问："你认识天子不？"妇人吓得直叩头。国王向宫人陈述了前后经过。执法大臣道："这可以施以殊刑。"国王道："诸佛都以仁为三界最上之宝，我宁可自己去死，也不能违背仁道。"于是夫人派人将她赶出国去，扫除了她的脚印。

佛告诉骛鹭子:"国王就是我,那跛子就是调达,那妇人是好首。菩萨就是如此意志坚定行持戒度无极。"

童子的故事

原典

昔者菩萨,身为凡人,归命三尊,守戒不亏。与舅俱行,炫卖自济。之彼异国,舅先渡水,止独母家。家有幼女,女启母曰:"后有澡盘,可从商人易白珠也。"母顺女意,以示商人。以刀刮视,照其真宝,佯投地曰:"污吾手矣。"即出进路。母子耻焉。

童子后至。女重请珠。母曰:"前事之耻可为今戒也。"女曰:"观此童儒有仁人之相,非前贪残矣。"又以示之。童儒曰:"斯紫磨金也。尽吾货易之可乎?"母曰:"诺。"童子曰:"丐吾金钱二枚,以雇渡耶。"

舅寻还曰:"今以少珠惠汝,取属盘来。"母曰:"有良童子,尽以名珠雇吾金盘。"犹谢其贱矣,"尔不急去,且加尔杖。"舅至水边,蹋地呼曰:"还吾宝来。"性急椎胸,吐血而死。甥还其金,已睹殒矣。哽噎曰:"贪乃至于丧身乎?"

佛曰:"菩萨守信以获宝,调达贪欺以丧身。童子者吾身也,舅者调达是。菩萨执志度无极行持戒如是。"

译文

　　从前,菩萨曾是一个凡人,归命三尊,持守戒律,没有丝毫懈怠。有一次与其舅一起外出,贩卖货物,以此养活自己。到了另外一个国家,他的舅舅先渡河,住在一个寡妇家中。寡妇有个小女儿,对她母亲道:"屋后有个澡盘,可与商人换白色的珍珠。"母亲听了女儿的话,将那澡盘拿给商人看。商人用刀刮了几下,仔细一看,知道这真是宝贝,但他却不露声色,装模作样地将澡盘扔到地上道:"弄脏了我的手。"说完就又从来路出去了。母女俩深感羞耻。

　　那童子后也来到这一家。那女孩又提出用澡盘换珍珠。其母道:"前面那件事的耻辱还不够作为教训的吗?"那女孩道:"我看这个书童有仁人之相,不是前面那种贪心凶残之辈。"于是又将澡盘拿来给童子看。童子道:"这是紫磨金啊!我拿我的所有货物来换它,行吗?"那母亲道:"行。"童子又道:"我想再讨两枚金钱来雇摆渡船。"

　　他的舅舅很快又回来,道:"我现在少拿一些珠子算送你，把你家的澡盘拿来吧。"那母亲道："已经有个很好的童子，用他所有的名珠买了我家的金盘。"对他拿的这一点珠子根本不屑一顾，且道："你还不快走？你再不走，我的棍子可就不客气了。"舅舅来到河边，用脚使劲跺地喊道："把宝贝还给我！"急得捶胸吐血，很快就死了。待他的外甥又返回将金盘给他拿来时，发现他早已一命呜呼。外甥伤心地哽噎道："是因为贪婪才至于丧身吗？"

佛道："菩萨守信从而获宝，调达贪婪欺骗以致丧身。童子就是我，舅舅就是调达。菩萨就是如此意志坚定行持戒度无极。"

3　忍辱度无极的故事

原典

忍辱度无极者,厥则云何?菩萨深惟,众生识神,以痴自壅,贡高①自大,常欲胜彼。官爵国土,六情②之好,己欲专焉。若睹彼有,愚即贪嫉。贪嫉处内,嗔恚处外。施不觉止,其为狂醉,长处盲冥矣。辗转五道③,太山烧煮,饿鬼畜生,积苦无量。菩萨睹之即觉,怅然而叹:"众生所以有亡国、破家、危身、灭族,生有斯患,死有三涂之辜,皆由不能怀忍行慈,使其然矣。"

菩萨觉之,即自誓曰:"吾宁就汤火之酷,菹醢之患,终不恚毒加于众生也。夫忍不可忍者,万福之源矣。"自觉之后,世世行慈。众生加④己骂詈、捶杖,夺其财宝、妻子、国土,危身害命,菩萨辄以诸佛忍力之福,除灭毒恚,慈悲愍之,追而济护。若其免咎,为之欢喜。

昔者菩萨,厥名曰睒,常怀普慈,润逮众生。悲愍群愚,不睹三尊,将其二亲处于山泽。父母年耆,两目失明。睒为悲楚,言之泣涕。夜常三兴,消息寒温。至孝之行,德香薰乾,地祇海龙,国人并知。奉佛十善,不杀众生,道不拾遗,守贞不娶,身祸都息。内古芯骂,妄言绮语,谮谤邪伪,口过都绝。中心众秽,嫉恚贪餮,心垢都寂。信善有福,为恶有殃。以草茅为庐,蓬蒿为席,清净无欲,志若天金。山有流泉,中生莲华,众果甘美,周旋其边。夙⑤兴采果,未尝先甘。其仁远照,禽兽附恃。

二亲时渴,睒行汲水。迦夷国王入山田猎,弯弓发矢,射山麋鹿,误中睒胸。矢毒流行,其痛难言。左右顾眄,涕泣大言:"谁以一矢杀三道士者乎?吾亲年耆,又俱失明,一朝无我,普当殒命。"抗声哀曰:"象以其牙,犀以其角,翠以其毛。吾无牙、角、毛,将以何死乎?"

王闻哀声,下马问曰:"尔为深山乎?"答曰:"吾将二亲处斯山中,除世众秽,学进道志。"王闻睒言,哽噎流泪,甚痛悼之,曰:"吾为不仁,残夭物命,又杀至孝。"举哀云："奈此何？"群臣巨细莫不哽咽。王重曰："吾以一国救子之命。愿示亲所在，吾欲首过。"曰："便向小径，去斯不远有小蓬庐，吾亲在中。为吾启亲，自斯长别，幸卒余年，慎无追恋也。"势复举哀，奄忽而绝。

王逮士众，重复哀恸。寻所示路到厥亲所。王从众多，草木肃肃有声。二亲闻之，疑其异人，曰："行者何人？"王曰："吾是迦夷国王。"亲曰："王翔兹甚善！斯有草席可以息凉，甘果可食。吾子汲水，今者且还。"王睹其亲以慈待子，重为哽噎。王谓亲曰："吾睹两道士以慈待子，吾心切悼，甚痛无量。道士子睒者吾射杀之。"亲惊怛⑥曰："吾子何罪而杀之乎？子操仁恻，蹈地常恐地痛，其有何罪而王杀之？"王曰："至孝之子，实为上贤。吾射麋鹿误中之耳。"曰："子已死，将何恃哉？吾今死矣。惟愿大王牵吾二老，着子尸处，必见穷没，庶同灰土。"

王闻亲辞，又重哀恸，自牵其亲，将至尸所。父以首着膝上，母抱其足，呜⑦口吮⑧足。各以一手扪⑨其箭疮，椎胸搏颊，仰首呼曰："天神、地神、树神、水神，吾子睒者奉佛信法，尊贤孝亲，怀无外之弘仁，润逮草木。"

又曰："若子审奉佛至孝之诚上闻天者，箭当拔出，重毒消灭，子获生存，卒其至孝之行。子行不然，吾言不诚，遂当终没，俱为灰土。"

天帝释、四天大王⑩、地祇、海龙，闻亲哀声，信如其言，靡不扰动。帝释身下，谓其亲曰："斯至孝之子，吾能活之。"以天神药灌睒口中，忽然得稣。父母及睒，王逮臣从，悲喜交集，普复举哀。王曰："奉佛至孝之德，乃至于斯。"遂命群臣："自今之后率土人民皆奉佛十德之善，修睒至孝之行，一国则焉。"然后国丰民康，遂致太平。

佛告诸比丘："吾世世奉诸佛至孝之行，德高福盛，遂成天中之天，三界独步。时睒者吾身是，国王者阿难是，睒父者今吾父是，母者吾母摩耶是，天帝释者弥勒是也。菩萨法忍度无极行忍辱如是。"

注释

①**贡高**：骄傲自大。

②**六情**：即六根，指眼、耳、鼻、舌、身、意。此六根具有能取相应之六境、生长相应之六识的六种功能，被视为"心所依者"，是"有情本"，故名"六情"。

③**五道**：也称"五趣"，指众生根据生前的善恶行为而有的五种轮回转生的趋向，即：地狱、饿鬼、畜

生、人、天。

④加：诬陷。

⑤夙：早晨。

⑥怛：惊恐。

⑦鸣：犹"吻"。

⑧吮：聚拢嘴唇而吸。

⑨扪：摸。

⑩四天大王：即四大天王，也称"四大金刚"。即东方持国天王提头赖咤，管辖东胜身洲；南方增长天王毗琉璃，管辖南赡部洲；西方广目天王毗留博叉，管辖西牛货洲；北方多闻天王毗沙门，管辖北俱卢洲。四大天王各率二十八部众，镇守一方。

译文

所谓忍辱度无极，说的是什么呢？菩萨深思道：众生之心，愚昧无知，闭关自塞，骄傲自大，总想比别人能高出一头。官爵、国土等反正只要六根所能感受到的好东西，都想据为己有。如果见别人有什么好东西，愚痴之心就开始生贪意、嫉妒。心中有贪嫉，表现出来的就是愤怒、怨恨。如此发展不制止的话，其结果就是丧心病狂，永远处于盲冥黑暗之中。在五道中辗转轮回不已,受太山烧煮之苦,变饿鬼畜生,所积的痛苦无量无际。菩萨一看就明白,怅然而叹道:"众生之所以生会有家破、国亡、身死、灭族的灾祸,死又有三恶道的磨难,都是不能怀忍行慈的缘故啊!"

菩萨心中明白,于是自己发誓道:"我宁可受赴汤蹈火的酷刑,遭粉身碎骨的患难,也始终不将怨恨加之于众生。忍受那不可忍受的一切,才是万福的根本。"菩萨这样发过誓以后,世世代代行慈布善。无论众生如何对自己诬陷、漫骂、鞭打,抢夺自己的金银财宝、妻子儿女、国家土地,乃至危身害命,菩萨都以诸佛忍辱力之福来灭除众生的毒心恨意,以慈悲之心可怜他们,并进而更加帮助、保护他们。一旦众生能免却灾祸,菩萨总是由衷地为他们感到高兴。

睒道士的故事

从前,菩萨名叫睒,一直胸怀普慈之心,恩泽施及众生。菩萨悲悯群生愚昧,不见三尊,于是带了双亲住进深山。父母年老体衰,双目失明。睒为之十分悲伤,一提起就哭。夜里总是多次爬起,嘘寒问暖。睒的至孝行为,仁德美名,流传遍天下,地神海龙、全国百姓,全都知道。睒尊奉佛的十善之行,不杀众生,道不拾遗,坚守贞洁,不娶妻室,所以,身体不会遭受任何点祸害；也没有挑拨离间，搬弄是非，胡言乱语，诽谤中伤，恶口相骂这样的口过；心内静寂，没有秽念，没有嫉妒、怨恨、贪婪。信善才会有福，作恶就会遭殃。睒以茅草做屋，以蓬蒿为席，清净无欲，志若纯金。山中有泉水，其中生有莲花，四周的树上结满了甜美的果子。睒清晨起来采果，尚未吃就已觉有甜味。睒的仁德照耀四方，连禽兽都来归顺、投靠。

有一次，双亲口渴，睒就去打水，正碰上迦夷国的国王进山打猎。国王执弓发箭，要射一只麋鹿，未料却误中睒的胸膛。当时箭毒散发，睒疼痛难忍。他前后左右四顾，大声哭道："谁用一箭杀死了三位修道之士呢？我的双亲年迈体弱，又双目失明，一旦没有我的话，就全都没命了。"又大声哀诉道："象因有象牙，犀牛因有其角，翠鸟因有其羽毛。我既无牙，又无角，更无毛，又为什么而死呢？"

国王听到了睒的哀诉，下马问道："你住在这深山之中吗？"睒答道："我带领双亲住在此山中，为的是消除世间众恶，立志精进学道。"国王听了睒的话，哽噎流泪，非常悲痛，道："我的行为如此不仁，残害动物的生命，又杀死如此至孝之子。"于是大声号哭道："这可怎么办呢？"所有大臣也莫不哽咽。国王又道："我要以一国来救您的性命。请您告诉您双亲所在的地方,我要去认错悔过。"睒道:"就沿这条小路去,离此不远,有个小茅棚,我的父母就住在其中。请代我告诉双亲,从此永别了。祝他们能安度晚年,不要想我、念我。"说完,支撑着又一次举哀,然后,一下子倒地而死。

国王及众将士大声恸哭。然后,他们按照睒所指的小路,来到他父母所住的地方。因国王的随从很多,带动草木发出声音。双亲听有响声,怀疑有生人闯入,问:"来的是什么人?"国王道:"我是迦夷国国王。"双亲道:"大王降临此地真是太好了!这里有草席可以休息纳凉,有甘果可以吃。我们的儿子打水去了,马上就会回来。"国王见双亲以慈心对待自己如儿子,不禁又哽噎悲哀。国王对睒的双亲道:"我见两位道士以慈心对待儿子,我心中非常悲伤,无比痛苦。道士的儿子睒被我用箭射中而死了。"双亲一听,非常惊恐道:"是我们的儿子犯了什么罪所以大王将他杀死了吗?那孩子满怀仁恻之心,踩地都怕地会痛,他会有什么罪而大王要杀他呢?"国王道:"睒是至孝之子,实在是高尚的贤君。是因我用箭射麋鹿而误中。"双亲道:"儿子已死,我们依靠谁呢?我们也只有死了。只盼大王能牵我们二老到儿子的尸首边,我们一定要亲眼看看他的尸体,然后我们就与他一起去了。"

国王听了睒双亲的话，又一次痛哭起来。于是亲自牵着两位老人，将他们领到睒的尸首旁。父亲把睒的头放在膝盖上，母亲抱着睒的脚，从头亲到脚。两位老人各用一只手摸着睒身上的箭伤，捶胸打脸，仰头呼道："天神、地神、树神、水神，我们的儿子睒奉佛信法，尊贤孝亲，胸怀宽广，宏仁无边，连草木等无情都受其恩泽。"

又道："如果上天真的能知道我们的儿子奉佛至孝的诚心真意，箭就该拔出，剧毒就该消除，睒子得以回生，继续行其至孝，奉我二老至终。如果睒子心不诚，意不真，我们说的不是实话，那就让他死，化为灰土算了。"

天帝释、四大天王、地神、海龙听到了双亲悲哀的喊声，相信他们的话，众神无不为之震动。帝释天亲自下降人间，对两位老人道："这是至孝之子，我能让他活过来。"于是他用天神的药灌入睒的口中，一下子睒就醒过来了。父母及睒，国王及群臣侍从，个个悲喜交集，又一次一起举哀。国王道："奉佛至孝的德行，才能到达如此的境界。"于是命令众位大臣："从今以后全国的人民都要尊奉佛十德之善，要以睒为楷模，修习至孝之行。"如此，后来这个国家国富民强，太平昌盛。

佛告诉众位比丘："我世世都尊奉诸佛至孝之行，德高而福盛，于是成为在三界独步的天中之天。当时的睒就是我，国王是阿难，睒的父亲就是现在我的父亲，母亲就是我的母亲摩耶夫人，天帝释是弥勒。菩萨就是如此慧心安法行忍辱度无极。"

猕猴的故事

原典

昔者菩萨，身为猕猴，力干少辈，明哲逾人，常怀普慈拯济众生。处在深山，登树采果，睹山谷中有穷陷人，不能自出数日哀号，呼天乞活。猕猴闻哀，怆为流泪曰："吾誓求佛唯为斯类耳。今不出此人，其必穷死。吾当寻岸下谷，负出之也。"遂入幽谷，使人负己，攀草上山，置之平地，示其径路曰："在尔所之。别去之后慎无为恶也。"出人疲极，就闲卧息，人曰："处谷饥馑，今出亦然。将何异哉？"心念：当杀猕猴啖之，以济吾命，不亦可乎？以石椎首，血流丹地。猴卧惊起，眩倒缘树，心无恚意，慈哀愍伤，悲其怀恶。自念曰：吾势所不能度者，愿其来世常逢诸佛，信受道教，行之得度。世世莫有念恶如斯人也。

佛告诸比丘："猕猴者吾身是也，谷中人者调达是。菩萨法忍度无极行忍辱如是。"

译文

从前菩萨曾经身为猕猴，力大能干，同类中罕见，聪明有智，超过人类，总是怀着一片慈心要普救芸芸众生。他住在深山老林中，有一次上树采果，忽然见到有个人掉进了深邃山谷中，自己怎么也出不来。一连几天都在那里哀哭号叫，呼天抢地，乞能活命。猕猴听了这哀求声，心中很悲伤，流着眼泪道："我立志希望能成佛正是为了此类众生啊！现在不设法让此人出来，他走投无路一定会死掉。我应沿岸下到山谷将他背出来。"于是猕猴下到幽谷之中，将那人背在背上，抓着草、树爬上了山，将那人放到平地上，为他指了出山的小路，对他说道："你想去哪里就去哪里吧！离去之后要多加谨慎，不要作恶啊！"那人非常累，躺在那里休息，说道："在深谷之中时又饿又渴，现出了山谷也还是这样，有什么两样呢？"心想该杀死猕猴吃它的肉，这样可保住自己的命，不是正好吗？于是用石头砸猴子的脑袋，鲜血流出染红了大地。猕猴本来卧倒在地，被他用石头一砸而突然惊起，赶紧头晕目眩地爬上了树，但心中却无半点怨恨之意，相反慈心悲哀，对那人如此怀恶而伤感不已。猕猴心中想到：我的力量还不能度脱他，但愿他来世能经常遇见诸佛，崇信佛教，接受教化，使他得度。但愿世世代代不再有这样的心怀恶意的人。

佛告诉众位比丘："猕猴就是我，那深谷中的人就是调达。菩萨就是如此慧心安法行忍辱度无极。"

龙的故事

原典

昔者菩萨，与阿难俱毕罪为龙。其一龙曰："惟吾与卿共在海中，靡所不睹。宁可俱上陆地游戏乎？"答曰："陆地人恶，起逢非常，不可出也。"一龙重曰："化为小蛇耳。若路无人，寻大道戏，逢人则隐，何所忧乎？"于是相可。俱升游观。出水未久，道逢含毒虮。虮睹两蛇，厥凶念生，志往犯害，则吐毒煦沫两蛇。一蛇起意，将欲以威神杀斯毒虮。一蛇慈心，忍而谏止曰："夫为高士，当赦众愚。忍不可忍者，是乃为佛正真之大戒也。"即说偈曰：

　　贪欲为狂夫，靡有仁义心；
　　嫉妒欲害圣，唯默忍为安。
　　非法不轨者，内无恻隐心；
　　悭恶害布施，唯默忍为安。
　　放逸无戒人，酷虐怀贼心；

不承顺道德，唯默忍为安。
背恩无反复，虚饰行谄伪；
是为愚痴极，唯默忍为安。

一蛇遂称颂忍德，说偈陈义。一蛇敬受，遂不害蚖。一蛇曰："吾等还海中可乎？"相然俱去。奋其威神，震天动地。兴云降雨，变化龙耀。人鬼咸惊。蚖乃惶怖，死视无知，七日绝食。

佛告诸比丘："尔时欲害蚖龙者阿难是也，说忍法龙者吾身是也，含毒蚖者调达是也。菩萨所在世世行忍，虽处禽兽不忘其行也。菩萨法忍度无极行忍辱如是。"

译文

从前菩萨与阿难全都脱罪而成为龙。有一次，一条龙道："我与你一起在海中，没有什么没见过的。难道我们不能一起到陆地上去玩玩吗？"另一龙答道："陆地上的人生有恶心，要是碰到，就不好了。不能出去。"那龙又道："变成小蛇不就得了吗。如果路上没有人，我们就顺大路玩，如果见有人我们就躲起来，有什么好担心的？"于是另一龙也就同意了。就这样，两条龙一起升上水面，出海观光。两条龙刚出海不久，就在路上碰到一只毒蚖。毒蚖见到两条蛇，顿起凶恶之念，就要过去侵犯伤害它们，于是吐出毒液想毒死这两条蛇。一蛇见此情景，就生起要以神的威力杀死这毒蚖的念头。一蛇则心慈，忍住后而劝道："高行之士当原谅众生的愚昧。能忍那所有难以忍受的一切，这才是佛的真正的大戒。"于是就说偈语道：

> 贪欲就是狂夫，没有仁义之心；
> 嫉妒欲害贤圣，唯有默忍为安。
> 违法不轨之徒，内无恻隐之心；
> 悭恶侵害布施，唯有默忍为安。
> 放逸无戒之人，酷虐怀有贼心；
> 不能承顺道德，唯有默忍为安。
> 背恩无信反复，虚饰行为诡伪；
> 这是最大愚痴，唯有默忍为安。

就这样，一条蛇称颂忍辱之德，说偈语陈述大义。一条蛇则恭敬受偈，不再伤害那蚖。一条蛇说："我们还是回海中吧！"另一条蛇同意了，于是一起离去。两条龙回到海中，扬神作威，震天动地。兴云降雨，千变万化，龙腾龙跃。人与鬼都很吃惊。毒蚖因此惶恐不安，七天不吃东西，看上去就像死了一样无知无觉。

佛告诉诸比丘："那时想害毒蚖的龙是阿难，说忍辱法的龙就是我，含毒的虮是调达。菩萨无论在何处，都世世行忍，虽然身为禽兽也不忘其高行。菩萨就是如此慧心安法行忍辱度无极。"

盘达龙王的故事

原典

昔者拘深国王名抑迦达。其国广大，人民炽盛。治国以正，不枉兆民。王有子二人，一男一女，男名须达，女名安阇难。执行清净，王甚重之，为作金池。二儿入池浴。池中有龟，龟名金，瞽①一眼，亦于水戏，触二儿身。儿惊大呼。王则问其所以。云："池中有物，触怖我等。"王怒曰："池为儿设。何物处之，而恐吾儿？"

令施罟②取之。鬼龙奇怪，趣使得之。罟师得龟。王曰："当作何杀之？"群臣或言："斩首。"或言："生烧。"或言："挫③之作羹。"一臣曰："斯杀不酷，唯以投大海中，斯所谓酷者也。"龟笑曰："唯斯酷矣。"

王使投之海中。龟得免，喜驰诣龙王所，自陈曰："人王抑迦达有女，端正光华，天女为双。人王乃心区区④，大王欲以女结为姻亲。"龙曰："汝诚乎？"龟曰："唯然。"为龟具设盛馔，皆以宝器。龟曰："早遣贤臣相寻，吾王欲得其决。"

龙遣贤臣十六，从龟至人王城下壍⑤中。龟曰："汝等止此。吾往上闻。"龟遂遁迈，不复来还。十六臣悁悒⑥，俱入城见王。王曰："尔等来为？"对曰："大王仁惠接臣等。王欲以贵女为吾王妃，故遣臣等来迎。"王怒曰："岂有人王之女与蛇龙为偶乎？"龙对曰："大王故遣神龟宣命，臣等不虚来。"

王不许之。诸龙变化，令宫中众物皆为龙耀，绕王前后。王惧叫呼，群臣惊愕，皆诣殿下，质问所以。王具说其状。众臣佥曰："岂可以一女之故而亡国乎？"王及群臣临水送女。遂为龙妃。生男女二人，男名槃达。

龙王死，男袭位为王。欲舍世荣之秽，学高行之志。其妻有万数，皆寻从之。逃避幽隐，犹不免焉。登陆地于私梨树下，隐形变为蛇身，蟠屈而卧。夜则有灯火之明，在彼树下数十枚矣。日日雨若干种华，色耀香美，非世所睹。

国人有能厌龙⑦者，名陂图。入山求龙，欲以行乞。睹牧牛儿，问其有无？儿曰："吾见一蛇蟠屈而卧于斯树下，夜树上有数十灯火，光明昞晔。华下若雪，色耀香美，其为难喻。吾以身附之，亦无贼害之心。"

术士曰:"善哉!获吾愿矣。"则以毒药涂龙牙齿,牙齿皆落。以杖捶之,皮伤骨折。术士自首至尾以手捋之,其痛无量,亦无怨心。自咎宿行,不朽乃致斯祸。誓愿曰:"令吾得佛,拯济群生,都使安隐,莫如我今也。"

术士取龙着小箧中,荷负以行乞丐。每所至国,辄令龙舞。诸国群臣兆民靡不惧之。术士曰:"乞金银各千斤,奴婢各千人,象马牛车众畜事各千数。"每至诸国,所获皆然。转入龙王祖父之国。其母及龙兄弟,皆于陆地求之,化为飞鸟依傍王宫。术士至,龙王化为五头,适欲出舞,而见其母兄妹,羞鄙逆缩,不复出舞。术士呼之五六,龙遂顿伏。母复为人形,与王相见,陈其本末。王及臣民莫不举哀。

王欲杀术士,龙请之曰:"吾宿行所种,今当受报。无宜杀之,以益后怨。从其所求,以施与之。弘慈如斯,佛道可得也。"王即以异国为例,具其所好,悉以赐之。术士得斯重宝,喜以出国。于他国界逢贼,身见菹醢,财物索尽。龙母子与王诀别:"若大王念我呼名,吾则来,无憔悴矣。"王逮臣民临渚送之,一国哀恸,靡不躄踊者也。

佛告诸比丘:"槃达龙王者吾身是也,抑迦达国王者阿难是也,母者今吾母是也,男弟者鹙鹭子是也,女妹者青莲华除馑女是也,时酷龙人者调达是也。菩萨弘慈度无极行忍辱如是。"

注释

①瞽:瞎眼。
②罛:一种大的鱼网。
③挫:在此犹"剁"。
④区区:虔诚。
⑤堑:护城河。
⑥悁悁:焦躁不安貌。
⑦厌龙:犹"降龙"。厌有压住之意。

译文

从前拘深国的国王叫抑迦达。拘深国土地辽阔,人丁兴旺。抑迦达王以止法治理国家,深得百姓爱戴。国王生有一男一女,男的叫须达,女的叫安阇难。二人品行端正、清净,国王非常喜欢他们,专门为他们造了金池。两人入池中嬉戏玩耍。没想到池中有一只名叫金的龟,瞎了一只眼睛,也在水中游戏,碰到了两个孩了的身体,吓得他们大叫。国王于是询问原因。答道:"池中有东西碰到我们,让我们很害怕。"国王大怒道:"这池子是专为我的孩子而造的。什么东西敢待在里面，吓着了我的孩子？"

于是便命人布网来捉。鬼龙感到很奇怪，驱赶此龟，使网师很快就把它捉住了。国王问道："该怎么惩罚它呢？"群臣纷说不一，有的说："杀头。"有的道："活活烧死。"有的则认为该剁了做羹。其中有一位大臣说道："这么做都不够残酷，只有把它扔到大海里，这才能叫作残酷。"龟笑道："对，只有这样才算作残酷。"

于是国王就让人把它扔到了大海中。龟得以逃生，很高兴地来到了龙宫，向龙王自陈道："人间的国王抑迦达有公主，长得容貌端正，如花似玉，可与天上的仙女相媲美。抑迦达王心很虔诚，想将女儿许配给龙王，结为姻亲。"龙王道："你说的都是真话吗？"龟答："不敢有半句假话。"于是龙王为它备了丰盛的酒席，赏给它很多宝物。龟道："请龙王尽早派贤臣去商议，我们大王想能确定此事。"

于是龙王就派了十六位贤臣跟着那龟到了拘深国城下的护城河中。龟对他们说："你们在这里等着。我上去奏闻大王。"此龟离开就躲了起来，再也没回来。这十六位龙臣焦急不安，只好一起进城见国王。国王问道："你们来干什么？"答道："大王仁惠接见我等微臣。大王想要将贵女许配给我们龙王为妃，所以龙王特派臣等来迎接。"国王一听大怒道:"哪里有人王之女与蛇龙之类结成配偶的?"诸龙臣对道:"大王先前派了神龟来传达王意,我们不能白来呀!"

国王不肯。于是诸龙臣显神通,使宫中的所有东西都变作龙,围着国王前腾耀。国王吓得大叫,群臣惊愕,纷纷来到殿下询问。国王讲说了事情的经过。众臣一起进谏道:"怎么能因为一女而亡失了整个国家呢?"于是国王只好同意,国王及众位人臣一起亲临水边相送。安阇难于是成为龙王之妃。龙妃生了男女二人,男的名叫槃达。

龙王死后,槃达继位为王。槃达龙王想抛弃世俗荣华富贵的污秽,学习高行之士的志向。他有近万名的妻妾嫔妃,都追着要跟他。他逃也逃不了,躲也躲不了,只好登上陆地,隐形变为一条蛇,盘屈而卧在一棵梨树下。晚上在那树下能出现几十盏闪亮的灯火。每天都从树上纷落许多种鲜花,色彩艳丽,香气沁人,世人从未见过。

国内有个能降龙的人,名叫陂图。他到山中去找龙,想以此卖艺行乞。他见到一位牧童,就问此间有没有龙?牧童答道:"我见到有一条蛇在这棵树下盘屈而卧,夜里,这棵树上有几十盏灯火,光明闪耀。花缤纷而落犹若下雪,鲜艳美丽,沁人心脾,难以形容,无法譬喻。我身子靠近它，也没有一点要伤害我的意思。"此人一听，道："太好了！今天我能如愿了。"于是把毒药涂在龙的牙齿上，使其牙齿全都掉光。又用棍杖捶打，打得龙遍体鳞伤。这术士用手将龙从头至尾捋了一遍，龙疼痛无比，但是，此龙却任人如此蹂躏，没有丝毫怨恨之心，明白这是自己原来所作罪孽未灭而造成的灾祸。龙发誓道："但愿能使我成佛拯救众生，使其安隐，不要像我今天这样。"

术士将龙放在一个小箱子里，扛着它四处卖艺行乞。每到一个国家，就将龙放出，令它跳舞。各国的群臣百姓没有不害怕的。术士就道："我要金银各一千斤，奴婢各一千人，象马牛车等牲畜各一千。"每到一个国家，所获均如此之多。后来转到了龙王外祖父的国家。龙母及龙的兄弟们都来到陆地想求得龙王，他们变作飞鸟落到王宫上。术士到后，龙王化成五头龙，正要出来跳舞而见到母亲、兄妹等，龙王羞愧，缩了回去不肯再出舞。那术士喊了五六次，龙王才叩头服从。他的母亲又现作人形，与国王相见，陈说此事原委本末。国王及臣民听后莫不举哀。

国王要杀此术士，龙为他陈请道："这是我宿行所造成的结果，今天当受此报应。不要杀它，否则又将增重后怨。按他的要求施与给他。只有如此弘布慈心，才能得道成佛。"于是国王就以他国为例，他要什么就给什么。此人得了这么多宝贝后，高高兴兴地离开了这个国家。没想到，在另一个国家的边境上却碰到了强盗，不但财物被一劫而空，人也被剁成了肉酱。龙王母子与国王分别道："如果大王想念我，喊我的名字，我就会来，不用伤心。"国王及臣民一起到岸边为龙王母子送行，举国哀号恸哭，个个捶胸顿足，一片伤心。

佛告诉诸位比丘："槃达龙王就是我，抑迦达国土就是阿难，龙王母就是我现在的母亲，龙王的弟弟是鸳鹭子，妹妹是青莲华比丘尼，当时那个对龙王施酷虐的人是调达。菩萨就是如此慧心安法行忍辱度无极。"

雀王的故事

原典

昔者菩萨身为雀王，慈心济众有尚慈母；悲彼艰苦情等亲离。睹众禀道喜若己宁，爱育众生犹护身疮。

有虎食兽，骨拄其齿，病困将终。雀睹其然，心为悲楚，曰："诸佛以食为祸，其果然矣。"入口啄骨，日日若兹。雀口生疮。身为瘦疵。骨出虎稣。

雀飞登树，说佛经曰："杀为凶虐，其恶莫大。若彼杀己岂悦之乎？当恕己度彼，即有春天之仁。仁者普慈，祐报响应。凶虐残众，祸寻影追。尔思吾言矣。"虎闻雀诫，勃然恚曰："尔始离吾口而敢多言乎？"雀睹其不可化，怆然慜之，即速飞去。

佛告诸比丘："雀王者吾身是也，虎者调达是也。开士①世世慈心济众，以为遑务犹自忧身。菩萨法忍度无极行忍辱如是。"

注释

①**开士**：菩萨的旧译。义为开悟之士，或以法开导之士。玄应《一切经音义》卷四："开士，谓以法开导之士也。梵云扶萨，又作扶薛，或言菩萨是也。"

译文

从前，菩萨曾身为雀王，一片仁慈之心，周济众生甚之于慈母；为众生的艰难痛苦而伤感，其真情犹如妻离子散。见众生能接受教化，其欣喜之情犹若自己病愈康复，爱护养育众生就像护理自己身上的疮伤。

有一只老虎吞食野兽，但却把骨头卡到牙齿里了。骨头出不来，老虎为此病困，眼看就快死了。雀王见此情景，其心为之悲伤痛苦，道："诸佛认为食是灾祸，果真如此啊！"于是飞进老虎的嘴里，用自己的嘴去啄骨头，天天坚持不断，最后雀王的嘴都生了疮，身子变得又瘦又小。骨头终于被啄出来了，老虎苏醒而得以活命。

雀王飞到树上，讲说佛经道："杀戮是凶虐，其罪恶最大。设想一下，如果别人要杀自己的话，会高兴吗？所以应当用自己的心去为别人考虑，这样，就会有春天般的仁德。仁者，普行慈悲，会得佑报，如同声音的回响；凶残暴虐，杀害众生者，其灾祸会如同影子般甩都甩不掉。您好好想想我的话吧！"老虎听完雀王的劝诫，勃然大怒道："你刚离开我的嘴，就敢这么多嘴多舌吗？"雀王见老虎已不可教化，为之怆然而心悲，于是很快飞走了。

佛告诉诸位比丘："雀王就是我，老虎就是调达。菩萨世世代代慈心济众，将此作为自己最紧迫的使命，犹如人忧自身。菩萨就是如此慧心安法行忍辱度无极。"

六年守饥脱罪的故事

原典

昔者菩萨为大国王，归命三尊，具奉十善，德被遐迹，靡不承风。兵刃不施，牢狱无有，风雨时节，谷丰民富。四表康休，路无怨嗟。华伪小书，举国绝口，六度真化，靡人不诵。

时有梵志，执操清净，闲居山林，不预流俗，唯德是务。夜渴行饮，误得国人所种莲华池水。饮毕意悟曰："彼买此池以华奉佛庙，水果自供，吾饮其水，不告其主，斯即盗矣。夫盗之为祸，先入太山，次为畜生，屠卖于市，以偿宿债，若获为人当为奴婢。吾不如早毕于今，无遗后患矣。"

诣阙自告云："某其犯盗，唯愿大王以法相罪。毕之于今乞后无尤。"王告曰："斯自然之水，不宝之物，何罪之有乎？"对曰："夫买其宅，即有其井。占其田则惜其草。汲井刈刍①非告不取。吾不告而饮，岂非盗耶？愿王处之。"王曰："国事多故且坐苑中。"太子令之深处苑内。王事总猥②忘之六日。忽然悟曰："梵志故在乎？"疾呼之来。梵志守戒，饥渴六日，之王前立，厥体瘦疵，起而跄③地。王睹流泪曰："吾过重矣。"王后笑之。

王遣人澡浴梵志，具设肴馔，自身供养，叩头悔过曰："吾为人君，民饥者吾自饥，寒者即衣单，岂况怀道施德之士乎？一国善士之福，不如高行贤者一人之德。国宁民安，四时顺谷丰穰，非戒之德，其谁致之乎？"谓道士曰："饮水不告，罪乃若此，岂况真盗不有重咎乎？以斯赦子，必无后患也。"梵志曰："大善！受王洪润矣。"

自斯之后，生死轮转无际。至临得佛不食六年，罪毕道成，以瞿夷自解，罗云乃生。④太子弃国，勤于山林，邪见之徒咸谓狂惑，谤声非一。太子闻焉，忍斯辱谤，追以慈济，福隆道成。诸天云集，稽首承风，帝王臣民靡不归命。

佛告诸比丘："时土者则吾身是也，夫人者瞿夷是，太子者罗云是。夫崇恶祸追，施德福归，可不慎哉？王忘道士，令饿六日，受罪六年饥馑才息。六日之后，王身供养故，今六年殃毕道成。瞿夷笑之，今怀罗云，六年重病。⑤太子以梵志深着苑内故，六年处于幽冥。⑥愚夫重暗不明去就，以恶心向佛沙门。梵志截手拔舌者，斯一世之苦。妄以手捶，虚以口谤，死入太山。太山之鬼拔出其舌，着于热沙，以牛耕上，又以然钉钉其五体，求死不得。殃恶若此，顺行无邪。菩萨法忍度无极行忍辱如是。"

注释

① **刈刍**：割草。
② **猥**：多，杂。
③ **跄**：走路不稳貌。

④罪毕道成，以瞿夷自解，罗云乃生：关于释迦牟尼的儿子罗云（即罗睺罗）的出生有两说：一为释迦在俗时就生；一说罗云在母胎中六年，直到释迦六年苦修成道的那个晚上才出生。

⑤瞿夷笑之，今怀罗云，六年重病：《注维摩经》卷二十一："瞿夷是怀罗怙罗。后太子出家，六年苦行，方得成道。于六年中，瞿夷忧恼，四大羸弱，不能得生。至太子成道，瞿夷欢喜，四大有力，方乃得生。"

⑥太子以梵志深着苑内故，六年处于幽冥：《佛本行集经》卷五十五："罗睺罗，昔为国王时，有仙人犯盗戒，欲就王忏悔，诣王宫。王耽五欲，六日不见外人，以此因缘，今生六年在母胎也。"罗睺罗在母胎六年不得生的往因还有几种，以此与本文稍近。

译文

从前，菩萨曾经身为一大国国王，归命三宝，全面奉行十善，远近百姓都受其恩惠，没有一人不秉承其风。不用武器，没有牢狱，风调雨顺，稻谷丰收，百姓富足。四方康乐安宁，道路全无怨恨感叹之声。那些浮华虚伪之言，举国杜口灭绝，无人不念诵佛六度教化的经典。

当时有个梵志，在山林中隐居，坚守清净操行，不参与任何世间流俗，只是一心锤炼自己的德操。有天夜里渴了去找水，误喝了这个国家的百姓种有莲花的池水。喝完后他才意识道："人家买这个池子是为了种莲花奉佛庙的，池水及莲子是自己享用的，我喝人家的水，但却不告诉人家，这不就是偷吗？偷盗所造成的灾祸，先是进太山，接着是成为畜生，被屠杀后在街上卖，以此来偿还宿债。即使能得以为人的话，也是当奴婢。我不如现在就早点结束此罪孽，不要留下后患啊！"

于是他来到王宫前自首："我犯有偷盗罪行，只盼大王依法相处，使我的罪行现在就能了结，以求今后无过。"国王道："这本是自然之水，不值钱的东西，你有什么罪呢？"梵志答道："若是买了人家的房子，自然也就包括了井；若是买了人家的田地，自然也就爱惜地里的一草一木。所以要到别人的井中打水，去别人的地里割草，不先告诉人家，是不行的。我不告而自饮，这不是偷盗是什么呢？希望大王处置我。"国王道："我现在国事很多，正忙着，你暂且在花园里坐着。"太子让他坐到花园的深处。国王国事繁杂，把此事给忘了。六天后，忽然想起："梵志还 直在吗？"赶紧把他叫来。梵志持守戒律，六天六夜不吃不喝，站到国王面前时，已瘦得皮包骨头。起身迈步而跌撞倒地。国王见此状，流泪而道:"我的罪过太重了。"王后觉得国王好笑。

国王派人给梵志洗了澡,准备了丰盛的饭菜,亲自供奉,叩头悔过道:"我是一国之君,百姓饥饿也就是我的饥饿,百姓寒冷也就是我的寒冷,更何况是怀有仁道行施仁德的人呢?一国好人的福祉,不如道德高尚的贤士一人的德操。国泰民安,四季风调雨顺,百谷丰饶,不靠持戒之德行,又靠什么呢?"于是对道士说道:"饮水不告,我都这么惩罚了,更何况真有偷盗的话我还会不重罚吗?我以此赦免您,您一定不会有后患。"梵志道:"太好了。我蒙受国王洪恩大惠。"

从此之后,生死轮回不知有多少。太子到快要得佛时,有六年不食,最后,罪孽结束,得成正道。而自此,瞿夷才全身有了力气,自己把儿子罗云生了下来。太子舍弃王位,离国出家在山林中修行时,那些邪见之徒都说他发疯不正常,一片诽谤之声。太子听到后,不但忍受屈辱诽谤,反而以仁慈之心帮助他们,最后福隆道成。众位天神云集,共同稽首承风,帝王臣民个个皈依于佛。

佛告诉众位比丘:"那时的国王就是我,王后是瞿夷,太子是罗云。崇奉丑恶的东西,祸殃会随后而至;施德行善,福报将源源而来。能不谨慎小心吗?国王把道士给忘了,让他饿了六天,后受了六年的罪,才解除饥饿。六天之后,国王亲自供养道士,因此六年罪殃结束后得成正道。瞿夷笑国王,所以后来怀了罗云,六年重病。太子因曾让梵志到花园深处,所以六年在母胎不得出,处于幽暗之中。那愚昧之人处于深幽黑暗之中,不明去就,以恶毒之心来对待佛、对待沙门。有的梵志被截手拔舌,这还不过是一世之苦。若狂妄地用手打人,用嘴胡说八道,诽谤、中伤他人,死后就会入太山地狱。太山中的鬼将拔出他的舌头,放到那灼热的沙上,再用牛在上犁耕,又用烧红了的钉子将他的头、两手、两脚都钉起来,想死还死不了。祸殃如此残酷,所以唯有小心谨慎,行为端正无邪,才能避免。菩萨就是如此慧心安法行忍辱度无极。"

羼提和梵志的故事

原典

昔者菩萨,时为梵志,名羼提和,处在山泽树下精思。以果泉水而为饮食,内垢消尽,处在空寂①,弘明六通,得尽知之。智名香薰闻八方上下,十方诸佛、缘觉、应仪圣众靡不咨嗟。释梵②四王、海龙地祇,朝夕肃虔叉手稽首,禀化承风,拥护其国。风雨顺时,五谷丰熟,毒消灾灭,君臣炽盛。

其王名迦梨，入山畋猎，驰逐麋鹿，寻其足迹，历菩萨前。王问道士："兽迹历兹，其为如行乎？"菩萨默惟：众生扰扰，唯为身命，畏死贪生，吾心何异哉？吾傥语王，虐杀不仁，罪与王同。傥云不见，吾为欺矣。中心恧然，低首不云。

王即怒曰："当死乞人。吾现帝王一国之尊，问不时对，而佯低头乎？"菩萨曰："吾听王耳。"王曰："尔为谁耶？"曰："吾忍辱人。"王怒拔剑截其右臂。菩萨念曰：吾志上道与世无诤，斯王尚加吾刃，岂况黎庶乎？愿吾得佛必先度之，无令众生效其为恶也。

王曰："若为谁乎？"曰："吾忍辱人。"又截其左手。一问一截，截其脚，截其耳，截其鼻，血若流泉，其痛无量。天地为震动，日即无明，四天大王佥然俱臻③，同声恚曰："斯王酷烈其为难齐。"谓道士曰："无以污心，吾等诛王及其妻子，并灭一国，以彰其恶。"道士答曰："斯何言乎？此殃由吾前世不奉佛教，加毒于彼，为恶祸追犹影之系形矣。昔种之少，而今获多。吾若顺命，祸若天地，累劫受殃，岂有毕哉？"

黎民睹变，驰诣首过，齐声而曰："道士处兹，景祐润国，禳灾灭疫，而斯极愚之君，不知臧否，不明去就，恶加于圣。惟愿圣人，无以吾等报上帝也。"菩萨答曰："王以无辜之恶痛加吾身，吾心愍之，犹慈母之哀其赤子也。黎庶何过而怨之乎？假有疑望，尔捉吾断臂以来。"民即捉之，乳湩交流。曰："吾有慈母之哀。今其信现于兹。"民睹弘信靡不禀化，欣怡而退。

菩萨有弟，亦睹道迹，处在异山，以天眼④彻视，睹天神鬼龙会议王恶，靡不怀忿，惧兄有损德之心。以神足⑤之兄所，曰："有所中伤乎？"答曰："不也，尔欲照吾信取断手、足、耳、鼻，着其故处，复者，即吾信矣。"弟续之即复。兄曰："吾普慈之信于今著矣。"天神地祇靡不悲喜，稽首称善，更相劝导，进志高行，受戒而退。自斯之后，日月无光，五星失度，妖怪相属，枯旱众贵，民困，怨其王也。

佛告诸比丘："时羼提和者即吾身是，弟者弥勒是，王者罗汉拘邻是。菩萨法忍度无极行忍辱如是。"

注释

①**空寂**：无诸相曰空，无起灭曰寂。

②**释梵**：帝释与梵天。

③**臻**：到达。

④**天眼**：色界天人所有的眼睛。世人只要一心修习禅定，也可获天眼。天眼无论远近、内外、昼夜，都能看得见。

⑤神足：即"神足通"，谓身能飞天入地，出入三界，变化自在。

译文

从前菩萨曾经身为梵志，名叫羼提和。他隐居于山泽之间，在树下端坐入定静思。他以山果泉水为饮食，心中、体内全无一点尘垢，处于空寂状态，完全获得了六通神秘灵力。他的大智美名传遍十方，十方的诸佛、缘觉、罗汉等圣众无不赞叹。帝释、梵天、四大天王、海龙地神等早晚都恭敬虔诚地合掌稽首，秉承其风俗教化，护卫他所在的国家。所以，当时风调雨顺，五谷丰收，无灾无害，人丁兴旺。

此国的国王名叫迦梨，进山打猎，驰骋追逐一只麋鹿，顺着麋鹿的脚印，经过菩萨面前。国王问菩萨道："那野兽的脚印从这儿经过，你见它从这儿过去了吗？"菩萨默默想到：众生荒乱一片，只是为了自己的性命，贪生怕死，我的心又有什么不同呢？我如果告诉了国王，暴虐残杀，是不仁的行为，罪行与国王相同。如果说没见到，明明就又是我说谎了。这么想着，心里非常惭愧，只好低头不语。

国王当时就发火了："我好像是问的死人。我现在是国王，为一国之尊，我问你，你竟敢不马上回答我，反而装着低下头。"菩萨道："我听凭大王处置。"国王问："你是什么人？"菩萨回答道："我是忍辱之人。"国王怒气冲冲拔下剑来截断了他的右臂。菩萨心中念道：我立志于高尚的道行，与世无争，这国王还对我施以刀刃，更何况黎民百姓呢？但愿我能得成佛，我一定先度此人，别让众生效法他行凶作恶。

国王又问："你是什么人？"菩萨仍答："我是忍辱之人。"于是国王又截断了他的左手。就这样一问一截，菩萨被截断了双脚，削去了耳朵，割去了鼻子，血像泉水般流出，疼痛无比。天地为之大大震动，太阳当即失去光彩，四大天王一齐赶到，同声愤怒地说："这国王如此残酷、暴烈，真是少有。"然后又对道士说："心里不要难过，我们将惩罚这国王及其妻子儿女，并灭掉他的国家，以使他的恶行暴露于天下。"道士答道："这是什么话呢？此祸殃是我前世不奉佛教，对他施有恶毒的结果。行恶祸报紧追犹如影子紧跟人形一样。过去种的恶少，但现在所获祸殃多。我如果顺从天王之命，祸殃犹如天地，累劫受惩处，难道还有了结之时吗？"

百姓见此变化，都急赶而来自首罪过，然后又齐声道："道士在这里，大佑润及全国，消除灾殃，没有瘟疫，而这个极端愚昧的国王，不知好坏，不明去就，对圣人施加如此的恶毒之行。但愿圣人,不要把我们报告天帝释啊!"菩萨道:"国王将无辜的恶毒之行痛加于我身上,我心里很可怜他,就像慈母怜爱自己初生的婴儿。百姓有什么罪过而要怨恨你们呢?如果你们不信,就把我断下的手臂拿来。"百姓即将其断臂取来,有乳汁从菩萨乳房交并流出。菩萨道:"我有慈母的哀悯,现在信证显现于此。"百姓见如此宏信,一个个全都秉承教化,欢欣而退。

菩萨有个弟弟,也见此道迹,他在另一座山上,以天眼洞察,见天神鬼龙相会议论国王的罪恶,没有一个不充满愤怒的,害怕哥哥有损坏仁德之心,即使神足赶到哥哥处,道:"有伤害仁德之处的吗?"菩萨答道:"没有啊,你如果不信,可把我被截下的手、足、耳、鼻都拿来放回我身上各原处,能够恢复如故,就说明我的话是真的。"其弟就将断手、断足等全部取来,安到原来各自的部位,果然,立即复合如初。其兄道:"我普大之慈的信证现在已很明白了。"天神地祇无不又悲又喜,稽首称赞,一个个互相勉励、启发,立志精进高行,然后受戒而退下。从此以后,日月无光,五星失度,妖魔鬼怪接连不断,天大枯旱,谷米昂贵,百姓穷困,个个都怨恨他们的国王。

佛告诉众位比丘:"当时的羼提和就是我,其弟是弥勒，国王是罗汉拘邻。菩萨就是如此慧心安法行忍辱度无极。"

国王的故事

原典

昔者菩萨为大国王，常以四等育护众生，声动遐迩，靡不叹懿。舅亦为王，处在异国，性贪无耻，以凶为健，开士①林叹②。菩萨怀二仪之仁惠，虚诬谤讪，为造讪③端，兴兵欲夺菩萨国。菩萨群僚佥曰："宁为天仁贱，不为豺狼贵也。"民曰："宁为有道之畜，不为无道民矣。"料选武士，陈军振旅。国王登台，观军情，狠④流泪，涕泣交颈，曰："以吾一躬，毁兆民之命。国亡难复，人身难获。吾之遁迈，国境咸康，将谁有患乎？"王与元妃俱委国亡。舅入处国，以贪残为政，戮忠贞，进佞蛊。政苛民困，怨泣相属，思咏旧君，犹孝子之存慈亲也。

王与元妃处于山林。海有邪龙，好妃光颜，化为梵志，讹叉手箕坐⑤垂首靖思，有似道士惟禅定时。王睹欣然，日采果供养。龙伺王行，盗挟妃去，将还海居。路由两山夹道之径，山有巨鸟，张翼塞径，与龙一战焉。龙为震电,击鸟堕其右翼,遂获还海。

王采果还,不见其妃,怅然而曰:"吾宿行违殃咎邻臻乎?"乃执弓持矢,经历诸山寻求元妃。睹有荣流⑥,寻极其原,见巨狝猴而致哀恸。王怆然曰:"尔复何哀乎?"狝猴曰:"吾与舅氏并肩为王,舅以势强夺吾众矣。嗟乎无诉。子今何缘翔兹山岨⑦乎?"菩萨答曰:"吾与尔其忧齐矣。吾又亡妃,未知所之。"猴曰:"子助吾战,复吾士众,为子寻之,终必获矣。"王然之曰:"可。"

明日,猴与舅战。王乃弯弓擩矢,股肱势张。舅遥悚惧,播徊迸驰。猴王众反。遂命众曰:"人王元妃,迷在斯山,尔等布索⑧。"猴众各行,见鸟病翼。鸟曰:"尔等奚求乎?"曰:"人王亡其正妃,吾等寻之。"鸟曰:"龙盗之矣。吾势无如,今在海中大洲之上。"言毕,鸟绝。猴王率众,由径临海,忧无以渡。

天帝释即化为狝猴,身病疥癣,来进曰:"今士众之多,其逾海沙,何忧不达于彼洲乎?今各复负石杜海,可以为高山,何但通洲而已?"猴王即封之为监。众从其谋,负石功成,众得济度,围洲累沓。龙作毒雾,猴众都病,无不仆地。二王怅愁。小猴重曰:"令众病瘳,无劳圣念。"即以天药,传众鼻中。众则奋鼻而兴⑨,力势逾前。龙即兴风云以壅天日,电耀光海,勃怒霹雳，震乾动地。小猴曰："人王妙射，夫电耀者，即龙矣。发矢除凶，为民招福，众圣无怨矣。"霆耀电光，王乃放箭，正破龙胸。龙被射死，猴众称善。小猴拔龙门钥，开门出妃，天鬼咸喜。

二王俱还本山。更相辞谢，谦光崇让。会舅王死，无有嗣子。臣民奔驰，寻求旧君。于彼山阻，君臣相见。哀泣俱还，并获舅国。兆民欢喜，称寿万岁。大赦宽政，民心欣欣，含笑且行。王曰："妇离所夫，只行一宿，众有疑望，岂况旬朔乎？还于尔宗⑩，事合古仪。"妃曰："吾虽在秽虫之窟，犹莲华居于淤泥。吾言有信，地其坼矣。"言毕地裂。曰："吾信现矣。"王曰："善哉！夫贞洁者，沙门之行。"

自斯国内，商人让利，士者辞位，豪能忍贱，强不陵弱，王之化也。淫妇改操，危命守贞，欺者尚信，巧伪守真，元妃之化也。

佛告诸比丘："时国王者我身是也，妃者瞿夷是，舅者调达是，天帝释者弥勒是也。菩萨法忍度无极行忍辱如是。"

注释

①开士：菩萨的旧译。
②林叹：形容感叹很多。

③䜗：过失、错误。

④猥：背转身；背地里。

⑤箕坐：箕踞而坐，其形如箕。

⑥荥流：弯弯曲曲的小溪。

⑦山岨：岨义指戴土的石山。山岨在此指山头、山岩之义。

⑧布索：指众人四散寻找。

⑨奋鼻而兴："奋"通"喷"，"兴"通"醒"。

⑩还于尔宗：回到你的娘家。

译文

从前，菩萨曾经是一大国的国王，经常以四无量心养育、护佑众生，其声音响彻四方，受到了大家的一致称赞。他的舅舅在另一个国家，也是国王，性格贪婪无耻，菩萨为之无比感叹。菩萨心怀天地之仁惠，但他的舅舅却肆意诬蔑、诽谤，将罪名强加于菩萨，起兵妄图能将菩萨治理的国家抢到手，占为己有。菩萨身边的群臣百官一齐表示："宁可被有天仁的君子所轻贱，也不愿为有豺狼之心的国王所重视。"百姓们也纷纷表示："宁可成为有道之君的畜生，也不做无道之王的黎民。"于是就选拔武士，组织军队。国王登上高台，察看军情，转身泪涌而出，涕泪满怀，道："因我一个人，要毁伤亿万百姓的性命。国家灭亡就再难兴复，人身一死也不易再获。我要是悄然离开此国，国家安宁康乐，谁还会有灾祸呢？"于是国王就带着元妃一起放弃了国家，悄然离去。他的舅舅霸占了这个国家，以贪婪、残杀治理国家，杀戮忠诚贞洁之高士，赏拔谄媚欺诳之小人。国政苛刻，百姓困乏，怨声载道，哭声不断，百姓全都思念以前的国王，就像孝子思念仁慈的双亲。

再说国王与元妃住在山林之间。海里有条邪恶的龙，见元妃长得非常漂亮，就想据为己有。于是此龙化作一个梵志，装模作样地合掌箕坐，低头静思，就好像修道之人坐禅入定之时。国王见了很高兴，于是每天都采了果子来供养。有一次，那龙乘国王离开去采果，就把元妃抢挟而去，想回到海里去住。路由两座大山夹住，成为一条小径。山上有一只巨鸟，张开翅膀，堵住了小路，与龙决一死战。龙发起雷电，击断了巨鸟的右翼，从而得以回到海中。

国王采了果子回来，不见元妃，心中怅然，想到："难道是我以前有过错得罪了邻居，才至如此吗？"于是就拿上弓箭，翻山越岭去寻找元妃。见有一条弯弯曲曲的小溪，顺着溪水，到了它的源头，见有一只很大的猕猴正在那里悲哀恸哭。国王非常悲伤，问："您又为什么这么悲痛呢?"猕猴答道:"我与舅舅都各自为王,可舅舅却以它势力强大而夺去了我的部众。可怜啊!我连诉说的地方都没有。您此刻又为什么来到此山呢?"菩萨答道:"我与您的忧愁是一样的。而且,我还丢失了元妃,不知去向。"猴子道:"您若帮助我战斗,夺回我的士众,我帮您一起去寻,一定能够找到。"国王答应道:"行。"

于是,第二天,猕猴就与其舅舅交战。国王则张开弓,放上箭,摆出一副要射箭的样子。那猴舅见了非常害怕,连蹦带跳地逃走了。猴王的部下全部返回。猴王于是命令众猴道:"人王的元妃,迷失在这座山里,你们四处去寻找。"于是,众猴就四处分散,见到了那只失去右翼的巨鸟。那鸟问道:"你们在找什么呢?"众猴答道:"人王失去了正妃我们正在找她。"那鸟道:"被龙抢去了。我的力量不如它,斗不过,它现在在大海中的大洲之上。"说完,鸟就死了。猴王率众猴由小路来到海边,但却发愁没有渡海的工具。

天帝释当即化作一只猕猴,身上长满疥疮,来向猴王进言道:"现在士众之多,都超过了海里的沙子,还愁什么不能到达那大洲呢?现在,大家各自背石头填海,都可以堆成高山,何止是通达那大洲?"猴王当即封他为监督。众猴按照他的办法去做,背石填海成功,众猴得以济渡,将那大洲包围了好几层。龙兴起毒雾,众猴都中毒倒下。人王与猴王都怅愁不堪。那小猴子又道:"我能使众猴病愈,不劳大王圣念。"于是,就以神药,一个传一个放进众猴鼻中,众猴一个个喷鼻而醒,力气比原来还要大。龙即兴起风云,遮住了太阳,电闪雷鸣,光耀大海,霹雳发怒,震天动地。那只小猴子又道:"人王善于射术,那发光的闪电,就是龙。放箭除凶,为民招福,众圣不会怪罪。"雷霆发出电光,人王于是放箭,正射中龙胸。龙被射死了,众猴都一致称好。那小猴拔出龙门的钥匙,开门放出了元妃,人与鬼一起欢庆。

二王一起回到原来的那座山上。互相感谢、推辞,彼此谦让、尊崇。正好此时碰上人王的舅舅死了,没有太子继位。于是臣民四处奔走,寻求旧君。在这座山岩上,君臣相见。大家悲哀哭泣,一起回到本国,并获得了他舅舅的国家。亿万百姓欢呼喜悦,祝国王万寿无疆。于是国王大赦天下,宽松治政,百姓欣喜,连走路都面带笑容。国王道:"妇人离开她的丈夫,只有一天,众人就会疑问,更何况有几十天了呢?回到你娘家去吧!只有这样,才符合古代仪则。"元妃道:"我虽在那秽龙之窟中,但犹如莲花处于淤泥。我的话是真的,大地将开裂,以作证明。"话刚说完,大地果然开裂。妇人道:"我的信证显现了。"国王道:"太好了!贞洁是沙门的品行。"

从此以后,国内商人买卖肯让利,官员肯辞位,豪门能忍让下民,强者不欺弱者,这是因为国王的教化。淫荡之妇改过持操,即使危命之时也能守贞,骗子能崇尚信用,巧言虚伪者坚守真诚,这是因为元妃的教化。

佛告诉诸位比丘:"当时的国王就是我,元妃是瞿夷,舅舅是调达,天帝释是弥勒。菩萨就是如此慧心安法行忍辱度无极。"

4 精进度无极的故事

原典

精进度无极者,厥则云何?精存道奥,进之无怠。卧坐行步,喘息不替。其目彷彿①恒睹诸佛灵像变化立己前矣,厥耳听声,恒闻正真垂诲德音。鼻为道香,口为道言,手供道事,足蹈道堂,不替斯志呼吸之间矣。忧愍众生长夜沸海,洄流轮转,毒加无救。菩萨忧之,犹至孝之丧亲矣。若夫济众生之路,前有汤火之难,刃毒之害,投躬危命,喜济众难,志逾六冥之徒②,获荣华矣。

昔者菩萨,为猕猴王,常从五百猕猴游戏。时世枯旱,众果不丰。其国王城去山不远,隔以小水,猴王将其众入苑食果。苑司以闻,王曰:"密守,无令得去。"

猴王知之，怆然而曰："吾为众长，祸福所由，贪果济命而更误众。"敕其众曰："布行求藤。"众还藤至，竞各连续。以其一端缚大树枝，猴王自系腰，登树投身，攀彼树枝，藤短身垂，敕其众曰："疾缘藤度。"众以过毕，两腋俱绝，堕水边岸，绝而复苏。

国王晨往案行③，获大猕猴，能为人语，叩头自陈云："野兽贪生，恃泽附国。时旱果乏，干犯天苑。咎过在我，原赦其余。虫身朽肉，可供太官一朝之肴也。"王仰叹曰："虫兽之长，杀身济众，有古贤之弘仁。吾为人君，岂能如乎？"为之挥涕，命解其缚，扶着安土。敕一国中恣猴所食，有犯之者罪与贼同。还向皇后陈其仁泽："古贤之行未等于兹，吾仁丝发，彼逾昆仑矣。"后曰："善哉！奇矣斯虫也。王当恣其所食，无令众害。"王曰："吾已命矣。"

佛告诸比丘："猕猴王者吾身是也，国王者阿难是也，五百猕猴者，今五百比丘是。菩萨锐志度无极精进如是。"

注释

①**彷佛**：也作"仿佛"，好像、似乎。

②**六冥之徒**：盖即"六道众生"，指地狱、饿鬼、

畜生、阿修罗、人、天。此"六道"是没有超脱生死轮回，没有获得解脱的凡庸者，故谓之"六冥"。

③**案行**：视察、巡视。

译文

所谓精进度无极，说的是什么呢？聚精会神地思考那深奥的道理，坚持修行，永不懈怠。行走坐卧，片刻不息。眼睛好像总见到诸佛的灵像在自己面前变化，耳朵一直在聆听着佛的正真教诲的德音。鼻闻的是道香，口说的是道言，双手所做都是道事，双脚所踏总在道堂，奋进追求，刹那不停。哀悯芸芸众生在漫漫长夜、茫茫沸海中挣扎，洄流轮转，毒加苦憎，得不到救助。菩萨为之深深忧伤，犹如至孝之子遭逢双亲之丧。立誓：纵使济度众生之路，前有刀山火海，千难万险，也不惜生命，赴汤蹈火，帮助六道众生摆脱苦难，获得荣华富贵。

猕猴王的故事

从前，菩萨曾经是猕猴王，经常带着五百只猴子游耍嬉戏。有一次碰上天大旱，山里的果子很少。而离此山不远有一条小河，河对岸就是一座王城，猴王就率众猴翻城进入王家花园去采果子。看守花园的苑司将此事报告了国王，国王道："严密把守起来，不要让它们跑了。"猴王知道后，怆然而叹道："我身为猴王，是为众长，灾祸福贵均由我带头。现在为了贪图这点救命果子，结果反更误众命。"于是命令众猴："都快去找藤。"一会儿，众猴都带着藤条回来了，它们把藤条一根根连起来。猴王将一头绑在大树上，另一头系在自己身上。猴王上树，用力一跳，跃到花园外的树枝上，因藤短，所以身子只能挂在那里，两手攀住树枝，猴王对众猴道："快顺着藤过去。"众猴过完后，猴王的两臂全断了，掉到河边，昏死过去，很久才又醒来。

国王早晨去视察，抓到了这只大猕猴。此猴能说人话，对国王叩头自陈道："野兽贪生，仰赖山泽，依附贵国。因天旱果少，所以干扰侵犯天子之苑。所有的罪过都在我身，望大王原谅宽赦众猴。我这一身烂肉，可供太官们一顿饭的。"国王朝天仰叹道："野兽之王，能杀身济众，有古贤之宏仁。我是人王，能做到这样吗？"为此深深感动，挥泪不止，命人解开猴王身上的绑索，将它扶到安全地带。下令全国给猴施食，供它们吃，有违犯命令的，其罪与强盗相同。国王回去又向皇后陈述猴王的仁泽，道："古代圣贤的行为也难以如此，与它相比，我的仁泽真是细如发丝，而它却超过昆仑啊！"皇后道："善哉！这野兽真是神奇啊！大王该任它们吃饱，不要让它们害怕。"国王道："我已经这么做了。"

佛告诉众位比丘："猕猴王就是我，国王是阿难，五百猕猴，就是现在的五百比丘。菩萨就是如此意志坚决行精进度无极。"

修凡鹿王的故事

原典

昔者菩萨，身为鹿王，名曰修凡。体毛九色，睹世希有。江边游戏，睹有溺人呼天求哀。鹿愍之曰："人命难得，而当殒乎？吾宁投危以济彼矣。"即泅趣之曰："尔勿恐也。援吾角，骑吾背，今自相济。"人即如之。鹿出人毕，息微殆绝。人活甚喜，绕鹿三匝，叩头陈曰："人道难遇，厥命惟重。丈夫投危济吾重命，恩逾二仪，终始弗忘，愿为奴使，供给所乏。"鹿曰："尔去。以吾躯命累汝终身。夫有索我，无云睹之。"溺人敬诺，没命不违。

时国王名摩因光，禀操淳和，慈育黎庶。王之元后厥名和致，梦见鹿王身毛九色，其角逾犀。寐寤以闻,欲以鹿之皮角为衣为珥,若不获之,妾必死矣。王重曰:"可。"晨向群臣说鹿体状,布命募求,获者封之一县,金钵满之银粟,银钵满之金粟。募之若斯,溺人悦焉,曰:"吾获一县,金银满钵,终身之乐。鹿自殒命,余何豫哉?"即驰诣宫,如事陈闻启之。斯须面即生癞,口为朽臭。重曰:"斯鹿有灵,王当率众乃获之耳。"

王即兴兵渡江寻之。鹿时与乌素结厚友。然其卧睡不知王来。乌曰:"友乎!王来捕子。"鹿疲不闻。啄耳重云:"王来杀尔。"鹿惊睹王弯弓向己,疾驰造前,跪膝叩头曰:"大王假吾漏刻①之命,欲陈愚情。"王睹鹿然,即命息矢。鹿曰:"王重元后,劳躬副之,吾终不免矣。大王处深宫之内,焉知微虫之处斯乎?"王手指云:"癞人启之。"

鹿曰:"吾寻美草食之,遥睹溺人呼天求哀,吾愍子穷,投危济之。其人上岸喜叩头曰:'吾命且丧而君济之,愿给水草为终身奴。'吾答之曰:'尔去自在所之,慎无向人云吾在斯。'"鹿王又曰:"宁出水中浮草木上着陆地,不出无反复人也。劫财杀主,其恶可原。受恩图逆,斯酷难陈。"

王惊曰:"斯何畜生而怀弘慈,没命济物不以为艰?斯必天也。"王善鹿之言,喜而进德,命国内曰:

"自今日后恣鹿所食,敢有犯者,罪皆直死。"王还,元后闻王放之,恚盛心碎,死入太山。

天帝释闻王建志崇仁,嘉其若兹,化为鹿类,盈国食谷,诸谷苗稼扫土皆尽,以观其志。黎庶讼之,王曰:"凶讹保国,不若守信之丧矣。"释曰:"王真信矣。"遣鹿各去,谷丰十倍,毒害消歇,诸患自灭。

佛告诸比丘:"时鹿王者吾身是也,乌者阿难是也,王者鹙鹭子是也,溺人者调达是也,王妻者今调达妻是。菩萨锐志度无极精进如是。"

注释

①**漏刻**:即"漏壶",也简称"漏",古代计时的器具,在此形容时间之短。

译文

从前,菩萨曾经身为鹿王,名叫修凡。修凡鹿王身上的毛有九种颜色,为世所罕见。有一次,九色鹿王在江边游戏,忽见江心有个人在大叫救命,鹿王很同情,道:"人命难得,就这么死了吗?我宁可自己冒险也得救他。"说着,就下江去,游到那人身边道:"你不要怕。抓住我的角,骑到我的背上,现在我就把你救出去。"这个快淹死的人赶紧照鹿王所说的去做了。于是，鹿游到了岸上，此人已奄奄一息，慢慢才苏醒过来。这人活过来后很高兴，绕鹿走了三圈，叩头自陈："众生轮回，人道难遇，所以生命非常宝贵。大丈夫冒死救我，恩德大于天地，我永远不会忘记，并愿做您的奴隶听凭使唤。"鹿王道："你走吧！因我会连累您一辈子。如碰到有人找我，就说没有看见。"此人很郑重地答应，说至死不违。

当时的国王名叫摩因光。国王本性淳厚温和，以仁慈养育百姓。国王原配皇后叫和致，做梦梦见有身毛九色的鹿王，鹿角之美超过犀牛。醒来后就告诉国王，并说想用鹿皮做衣服，用鹿角做耳环，若得不到，必死无疑。国王很重视，答道："可以。"第二天早晨就向群臣描述鹿王的形状，颁布告示募求此鹿，若能捉得此鹿来献，将封其为一县县令，并加装满银粟的金钵和装满金粟的银钵。见到此募文告示，那个落水的人很高兴，心道："我要是能获得一县，又有满钵的金银，那就终身享用不尽了。鹿王是自己死的，跟我有什么关系呢？"于是，立即就赶到王宫，将见到鹿王的事告诉国王。话刚说完，脸上即刻生出癞疮，满嘴臭气。于是他又道："这鹿有神灵，大王应当多率人马才能抓到它。"

于是，国王真的组织了兵马渡江去寻此鹿。鹿王与乌鸦一直有深交,是好朋友。当国王来时,鹿王正在睡觉,浑然不知。乌鸦道:"喂!朋友,国王来捉您了。"鹿王因疲困,所以没听见。乌鸦又用嘴啄鹿王的耳朵道:"国王来杀你了,快醒醒吧!"鹿王惊醒,发现国王正张弓要射自己,于是连忙跑到国王面前,跪下叩头道:"大王先借我一会儿命,请允许我能陈述愚情。"国王见鹿王这个样子,于是就命令放下手中的弓箭。鹿王道:"大王钟爱皇后,亲自出马,我终归是逃不了的了。但大王身处深宫之内,怎么知道小兽在这里的呢?"国王用手指着道:"是那个癞子告诉我的。"

鹿王于是道:"我在寻美草的时候,远远看见有个人淹在江中大喊救命,我可怜他眼看就没命了,于是不顾危险下水救他。那人上岸后非常高兴,叩头道:'我本来要丧命了,但君却冒死救了我,我宁愿为君供水给草,终身为奴侍奉。'我当时回答他道:'你可以想到哪里就到哪里,只是千万别向别人提我在这里。'"鹿王又道:"宁可把水中漂浮的草木拉上岸,也不要救那反复无常之辈。劫财杀人的罪恶还可原谅。受恩不报,反想背逆相害,如此酷虐,实在难以陈述。"

国王听完鹿言,大惊道:"这是什么畜生而能怀有如此宏慈,冒死救人命,并不将此看作艰险之事?这一定是天神啊!"国王相当赞赏鹿王的话,非常高兴,立志精进仁德。国王命令全国:"从今以后,要尽力为鹿提供食物,如敢有违抗的,都要判死罪。"国王回去后,皇后听说他把鹿王给放了,又气又恨,心痛心碎而死,被打入太山地狱。

天帝释听说了国王立志崇尚仁德的事后,很欣赏他的这一举动,又变成群鹿挤满全国,到处吃粮食,谷苗、庄稼全都一扫而光,帝释以此举来观察国王的意志是否坚定。百姓纷纷上告,国王道:"即使凶残、诈讹能保住国家,也不如坚守信用而丧失国家。"帝释天道:"国王是真信啊!"于是指挥鹿群离开,命稻谷丰收超过以前十倍,毒害消失,诸患自灭。

佛告诉众位比丘:"当时的鹿王就是我,乌鸦是阿难,国王是鹙鹭子,那个落水的人是调达,皇后就是现在调达的妻子。菩萨就是如此意志坚定行精进度无极。"

驱耶马王的故事

原典

昔者菩萨,身为马王,名曰驱耶,常处海边,渡漂流人。时海彼岸有淫女鬼,其数甚多,若睹商人,即化为城郭、居处、田园、伎乐、饮食,变为美人,颜华晔晔①,要请商人,酒乐娱之。鬼魅惑人,皆留匹偶。一年之间,淫鬼厌故,以铁镎②刺其咽,饮其血,食其肉,吮其髓。马王遥睹淫鬼啖人,为之流泪,因飞渡海,之海彼岸,获成捣粳米。马王食饮毕,登山呼曰:"谁欲度者?"如此三矣。

商人闻之喜曰:"常闻神马哀度危难,今其真乎?"喜而趣之,曰:"哀度吾等。"马曰:"尔等去者,淫鬼必当提子示尔,号呼而追,有顾恋之心者,吾去后,鬼必复以铁镎刺尔咽,饮尔血,吞尔肉。正心存善,可得全命矣。夫欲归者,骑吾背,援吾鬣尾,捉头颈,自由所执,更相攀援,必活睹亲也。"商人信用其言者,皆获全命,归睹六亲。淫惑之徒信鬼妖蛊,靡不见啖。夫信正去邪,现世永康矣。

佛告诸比丘:"时马王者吾身是也。菩萨锐志度无极精进如是。"

注释

①晔晔:光盛光亮貌。
②镎:矛戟柄末的平底金属套。

译文

从前,菩萨曾经身为马王,名叫驱耶,经常在海边,救渡那些落水的人。当时,大海的对岸有许多淫女鬼,如见到有商人,立即变出城镇、住房、田园、歌舞音乐、饮食等,又化为美女,容颜若花,鲜丽无比,邀请商人,喝酒娱乐。商人们经不起鬼魅的诱惑,一个个都留下与淫女鬼们结为夫妇。一年之间,淫女鬼就感到讨厌了,于是用铁锃刺破他们的喉咙,喝他们的血,吃他们的肉,吸他们的脑髓。马王远远地看见淫女鬼吃人,为之悲伤而流泪,于是飞过海去,到了彼岸,获得了捣好的粳米。马王吃喝完毕,登上山顶高呼:"谁想渡海?"连喊了三遍。

商人们听到后喜出望外道:"常听说有神马垂哀救渡危难之人,现在就真的是吗?"一个个高兴地奔过去道:"可怜我们,救救我们。"马王道:"你们若离开,淫鬼一定会提着你们的孩子给你们看,大喊大叫地追上来,只要有一点顾恋之心的,我走后,鬼必定还用铁锃刺你们的咽喉,喝你们的血,吃你们的肉。唯有正心思善,才能保全性命。若真有想离开的人,骑到我的背上,拉住我的鬣尾,或抓住我的头颈,反正能拉住什么就拉什么,大家相互帮忙攀拉住,一定会活着回去,见到你们的亲人。"商人们遵照马王的话去做的,都保住了性命,回去得以与亲人相见,而那些受妖魔鬼怪迷惑的淫欲之徒,全部被吃掉了,所以只有坚信真理去除邪见,才能在现世获得永远的康福。

佛告诉诸位比丘:"当时的马王就是我。菩萨就是如此意志坚定行精进度无极。"

鸽王的故事

原典

昔者菩萨,身为鸽王,徒众五百,于国王苑翱翔索食。国王睹之,敕令牧夫率网张捕,其众巨细无有孑遗①。笼而闭之,食以粳米,肥肉太官以供肴膳。鸽王见拘,一心念佛,悔过兴慈,愿令众生拘者得解,疾离八难,无如我也。

谓诸鸽曰:"佛经众戒,贪为元首。贪以致荣者,犹饿夫获毒饮矣;得志之乐其久若电。众苦困己其有亿载,尔等捐食,身命可全矣。"众对之曰:"见拘处笼,将欲何冀乎?"王曰:"违替佛教,纵情贪欲,靡不丧身者也。己自捐食,肥体日耗,间关②得出。"顾谓余曰:"除贪捐食,可如我也。"言毕飞去。

佛告诸比丘："鸽王者吾身是也。菩萨锐志度无极精进如是。"

注释

①子遗：因遭受兵灾等大变故，多数人死亡后遗留下的少数人。

②间关：在此即指鸟笼。

译文

从前，国王曾身为鸽王，有五百随从。有一次一起在国王的王苑中翱翔寻找食物。国王见后，就命令牧人支起网罗，鸽子全被抓起来了，一只也没有逃脱。国王又命把它们关在笼子里，每天都用粳米喂它们，养肥了以后，可杀了作太官的佳肴。鸽王被关起来以后，一心念佛，悔过兴慈，但愿被拘缚的众生能得以解脱，迅速脱离八难之境，不要像自己现在这个样子。

鸽王对众鸽道："佛经中众多戒律，都说贪是诸恶之首。以贪心获得的荣华，犹如饿鬼获得的有毒的饮料；以贪心得逞的快乐即使长久也犹电触身。众生被数也数不清的痛苦困扰着，你们只有不吃东西，身命才可保全。"众鸽对曰："现在我们被抓、被关，即使想怎样,又还能有什么希望呢?"鸽王道:"违逆佛教,纵情贪欲的人,没有不丧身死命的。只要自己停止进食,肥胖的身子日益消瘦,自然就能飞出这个笼子。"说着又回头对群鸽道:"除去贪心,放弃饮食可像我这个样子。"说完就飞出了笼子。

佛告诉众位比丘:"鸽王就是我。菩萨就是如此意志坚定行精进度无极。"

天帝释的故事

原典

昔者菩萨,为天帝释,位尊荣高。其志恒存非常、苦、空、非身之想,坐则思维,游则教化。愍愚爱智,诲以智慧,精进无休。

睹其宿友,受妇人身,为富姓妻,惑乎财色,不觉无常,居市坐肆。释化为商人,佯有所市,至妇人前住。妇人喜悦,令儿驰归,取独坐床,欲以坐之。商人乃熟视妇人而笑。妇执高操,意怪商人:"住笑非宜。"儿取床迟,还即搏之。商人又住笑。侧有一儿拨鼓踊戏,商人复笑之。有父病者,子以牛祠鬼,商人亦笑之。有一妇人抱儿徜徉①,行过市中,儿刮面颊,血流交颈。商人复笑之。

于是富姓妻问曰:"君住吾前含笑不止。吾属搏儿,意兴由子。子何以笑?"商人曰:"卿吾良友。今相忘乎?"妇人怅然,意益不悦,怪商人言。

商人又曰:"吾所以笑搏儿者,儿是卿父,魂灵旋感,为卿作子。一世之间有父不识,何况长久乎?拨鼓儿者本是牛,牛死灵魄还为主作子,家以牛皮用贯此鼓。儿今拨弄、踊跃、戏舞,不识此皮是其故体,故笑之耳。杀牛祭者,父病请活,求生以杀,不祥之甚,犹服鸩毒以救病也。斯父方终,终则为牛,累世屠戮,受祸无已。今此祭牛,命终灵还,当受人体,免脱忧苦,故复笑之。刮母面儿,儿本小妻,母是嫡妻。女情专淫,心怀嫉妒,常加酷暴。妾含怨恨,寿终则生为嫡妻子,今来报仇,攫②面伤体,故不敢怨耳,是以笑之。

"夫众生之心其为无恒,古憎今爱,何常之有?斯皆一世,见而不知,岂况累劫?经曰:以色③自壅者盲于大道,专听邪声者不闻佛音之响也。吾是以笑之耳。世荣若电恍惚即灭,当觉非常,莫与愚并。崇修德操,六度妙行。吾今反居,后日必造子门。"言竟忽然不现。

妇怅然而归,斋肃望慕。一国咸闻,王逮群僚靡不钦延④。商人后果在门,状丑衣弊,曰:"吾友在内,尔呼之来。"门人入告,具以状言。妇出曰:"尔非吾友矣。"释笑而云:"变形易服,子尚不识,岂况异世,舍斯受彼乎?"重曰:"尔勤奉佛。佛时难值,高行比丘难得供事。命在呼吸,无随世惑。"言毕不现。举国欢叹矣,各执六度高妙之行。

佛告鹙鹭子:"尔时妇人者弥勒是也,天帝释者吾身是也。菩萨锐志度无极精进如是。"

注释

①徜徉:犹"徘徊"。

②攫:本指鸟用爪迅速抓取,在此引申为用手抓。

③色:相当于物质的概念,但并非全指物质现象。《俱舍论》卷一:"变碍故名为色。"指一切能变坏、并且有质碍的事物。

④钦延:钦佩邀请。

译文

从前,菩萨曾经身为天帝释,尊贵崇高。帝释一直在考虑无常、苦、空、无我诸问题,坐下就思考,出去时则教化。帝释同情那愚痴无知之辈,爱护聪明有智之士。经常用智慧教导他们,精进而不懈怠。

帝释见原来的朋友,今世成为妇人之身,嫁给了一位有钱人。妇人受财色的诱惑，不懂"诸行无常"的道理，总是在街市上做买卖赚钱。帝释化作商人，装作要买东西的样子，来到妇人面前停下。妇人很高兴，让儿子赶紧回去拿独坐床，想请商人坐。商人则在一边老是看着妇人笑。妇人装出很一本正经的样子责怪商人道："你老这么笑，像什么样子？"儿子取床回来晚了，妇人就打。商人又是笑。旁边有个小男孩，在边敲鼓边跳跃献艺，商人又朝着他笑。有个生病的父亲，儿子杀牛来祠鬼，商人也笑他们。有位妇人抱了个孩子，挺悠闲自在地经过街市中，那小儿用手指抓破了那母亲的脸，血流满脖。商人又朝着这母子俩笑。

于是这位妇人问道："您在我面前含笑不止。我刚才打儿子，本来就是因为您。您笑什么呢？"商人道："您是我的好朋友。难道忘了吗？"妇人很怅然的样子，更加不高兴，怪商人乱说。

商人又说道："我之所以笑您打儿子，是因为那孩子本是您的父亲，灵魂那么快地就感应变化，现又成了您的儿子。一世之间有父而不认识，何况时间更长呢？那拨弄鼓的小孩本是牛，牛死后灵魂又回来变作了主人的儿子，而家人则用牛皮做成了这面鼓。这孩子拨弄此鼓，跳来跳去，献舞作伎，不知这皮就是自己原来身体上的皮，所以我笑他。那杀牛祭祀的，父亲病了，儿子为了救父亲的病而杀牛，这更是不祥。求生而杀生，就像服鸩毒而治病。这当父亲的死后会变作牛，世世代代受宰割，这种灾祸永无休止。现在所祭的牛被杀，命终后，灵魂倒又会回来，变作人体，不再遭受屠戮的痛苦，所以我又笑他们。那用手抓母面的小孩，本是一夫之妾，而现在的母亲是嫡妻。嫡妻荒淫无耻，心怀嫉妒，对那小妾经常凶暴打骂。小妾含怨怀恨，寿终则生为嫡妻之子，现在是来报仇的，用手抓她的脸，但其母却不敢有怨恨，所以我笑她们。

"那众生的心总是在反复变化，从前憎恶的现在又爱恋不舍，从前喜欢的现在又厌恶不已，哪里有常恒不变的呢？这些还都不过是只隔了一世，见后就不知的，更何况累劫长期？佛经道：那些只见色相的人等于自己堵住了双眼，所以无法看见佛的光明大道，那些专门听邪恶之声的人根本就听不进佛的弘法声音。所以我笑他们啊！世俗荣华富贵犹若电光恍惚即灭，你应当懂得无常的道理，不要与那些愚昧无知之辈混杂在一起。你要树立高尚的德操，修习六度妙行。我现在回去，后天一定到你家拜访。"说完，人就忽然不见了。

那妇人怅然而回，非常认真地食素修斋，恭敬地盼着那商人的到来。全国的人都知道了这回事，国王及群臣也都个个仰慕而希望能邀请此人前来。商人后天果然如期出现在那妇人门前，他形貌丑陋，衣衫褴褛，对门人道："我的朋友在里面，你把她叫出来。"门人入内禀报并描绘了他的样子。妇人出来道："你不是我的朋友。"帝释笑着道："我变了样子换了衣服，你就不认识了，更何况隔了几世，丢了此命又换彼生呢？"接着又道："你要努力奉佛。佛很难得才能碰到，德行很高的比丘也很难有机会得以供奉。生命极其短暂，不要被世俗所迷惑。"说完，就不见了。举国欢欣赞叹，各自修习六度高妙之行。

佛告诉鹙鹭子："那时的妇人是弥勒，天帝释就是我。菩萨就是如此意志坚定行精进度无极。"

女人求愿的故事

原典

昔者菩萨，身为女人，厥婿禀气凶愚妒忌。每出商行以妻嘱邻独母。母奉佛戒，为清信行。时佛入国，王逮臣民靡不受戒。独母闻经，还为妇说之。妇喜叹曰："斯即无上正真道最正觉者也。"从母闻佛，即遥稽首。

斋日，母曰："可往听化乎？"妇喜曰："可。"寻之城外，忽存婿妒，怅然不悦，旋居自鄙："吾殃重乎?"母还为陈:"天龙、鬼神、帝王、臣民听经,或得沙门四道①者,或受菩萨决者。佛时难值,经法难闻。尔还为乎?"妇闻佛德,流泪具陈婿妒之意。母曰:"可试一行。"妇曰:"敬诺。"

明日即随母行睹佛,五体投地,却立静心。视佛相好,念佛清净,真是天尊。佛问女:"尔来何愿?"即稽首而对:"我闻佛为无上正真道最正觉道法御天人师,德如恒沙②,智若虚空,六通四达③得一切智,势来请尊,愿佛哀我。"世尊告曰:"佛为一切护,恣汝所愿。"

女人稽首曰:"夫人处世未获本无者,皆以欲故为匹偶居。令我世世与至德偶居,同志无嫉妒行。二曰:身、口、意行④端正绝世。三曰:世世虔奉三尊,心垢日消,进道无倦。诸佛祐助,众邪不能遏,必获一切智济众生难。"众祐叹曰:"善哉!善哉!令汝得之。"妇大欢喜,稽首,退归本居。厥婿贾还,乘舟水行,当以斯日至。天帝睹妇高行,发愿无双,助喜叹善。为兴风雨,住其舟行,明日乃臻。

妇后寿终,神生有道之家,容华光世。年长出嫡为国儒士之妻,国称高贤。时婿入海采宝,欲济穷民,妇居家以礼自卫,犹城卫寇。国王后妃、大臣妻妾靡不仰则,诣门云集,禀妇德仪。妇夜寐觉,忆世无常,荣富犹幻,孰获长存?躬为坏舟,我神载之,犹获月影望天宝者也。劳心苦身，何益于己？梦幻皆空，天神世荣其归若兹矣。明晨当索无上正真天中之天为吾师焉。晨兴即睹石塔在庭，佛像金耀，琢壁书经，叹佛为众圣之师，三界独步[5]。妇喜叹曰："是则如来应仪正真道最正觉者乎？"即五体投地，绕塔三匝，散华烧香，然灯悬缯，晨夜肃虔，稽首恭礼。王后国妇请承清风，退邪崇真。

邻有凶夫，贾逢妇婿曰："子妻造妖虚立鬼庙，朝暮香薰，咒咀妖蛊，愿令尔丧，不祥之甚。"婿归。妇启曰："妾前一夜觉世无常，晨睹宗灵无上正真绝妙之像来在中庭。妾今供事，烧香然灯，悬缯奉华，朝夕礼拜，稽首自归。子当事之，必合圣则。"婿大欢喜，一心肃虔。国人巨细佥然承风，如是八万四千余岁。

佛告鹙鹭子："尔时妇人者吾身是也，时婿者弥勒是也，独母者鹙鹭子是也，邻凶夫者调达是也。菩萨锐志度无极精进如是。"

注释

①**四道：**四种致以涅槃的道路。据《俱舍论》卷二十五，四道为（一）加行道，（二）无间道，（三）解脱道，（四）胜进道。

②**恒沙**：恒河沙数，形容数量极多，像恒河里的沙子一样。

③**六通四达**：六通即"六神通"，指三乘圣者通过修持禅定所得到的六种神秘灵力：（一）神足通，（二）天眼通，（三）天耳通，（四）他心通，（五）宿命通，（六）漏尽通。四达，概即"四道"。

④**身、口、意行**：所谓"三业"，身业（行动）、语业（也称口业、言语）、意业（思想活动）。泛指一切身心活动。

⑤**三界独步**：界，指世俗世界的三种境界，即欲界、色界、无色界。佛为三界中之最尊，故曰三界独步。

译文

从前菩萨曾身为女人，她的丈夫秉性愚痴、妒忌，脾气凶暴。每外出经商总要把自己的妻子托付给隔壁的一个寡老婆婆。此老妇人尊奉佛戒，清净修行。当时佛来到这个国家，国王及臣民百姓无一不奉佛受戒。老妇人听了佛经后，回来就为妇人讲说。妇人高兴地说："这就是无上正真道最正觉的佛啊！"以后只要从老妇那里听到佛，就远远地向佛稽首礼拜。

有一次斋日，老母道："能一起去听佛教化吗？"

妇人高兴地答应："行。"但走到城外，忽然想起丈夫的妒忌，心中不觉怅怅然，很不高兴，很快就回来，自己鄙视自己道："是不是因我祸殃太重呢？"老母回来告诉她："天龙、鬼神、帝王、臣民听经的，有的获得了沙门修行达以涅槃的四种途径，有的则得到了修行成为菩萨的要诀。佛很难得才能碰上，经法并不是很容易就能听到。你为什么走到半路又回来了呢？"妇人听说如此佛德，流着眼泪将丈夫嫉妒之事全部告诉了老母。老母："可以去一次试试。"妇人道："好！我听您的。"

于是第二天跟着老母一起去见佛。妇人五体投地，然后静心退立一边。妇人见佛相好庄严，念佛清净，感慨真是天尊啊！佛问女人："你来有什么愿望呢？"妇人稽首而答道："我听说佛是无上正真道最正觉道法御天人师，德如恒沙之多，智若虚空之广，六通四达获得了一切智。所以我特地来恳请尊者，愿佛怜悯我。"佛对妇人道："佛保护所有众生，我可以满足你全部的愿望。"

妇人又稽首道："世上没有获得本觉的人，都因为情欲而寻找配偶同居。但愿让我世世代代都能与德行最高的人匹配同居，同心同德，从而没有丝毫嫉妒的行为。其次，愿能身、口、意行端正世无与伦比。第三，愿能世世代代虔诚尊奉三宝，心中尘垢日消无遗，修行精进，永无懈怠。诸佛护佑帮助，任何邪恶都不能阻拦，一定会获得一切智，济助众生，脱离苦难。"世尊非常高兴，赞道："善哉！善哉！定将使您如愿。"妇人大喜，稽首礼拜回到自己家中。她的丈夫乘船外出行商，本该这一天返回。天帝见此妇人德行高尚，所发之愿，无人能比，为她高兴，表示称赞，于是兴起风雨，使她丈夫的船无法运行，第二天才到。

这位妇人后来命终，灵魂投生有道之家，长得容颜如花似玉，绝代佳人。成年后嫁到国内一大儒家为妻，此大儒被国内誉称为高贤。当时，丈夫入海去采宝想要救济贫民，妇人则在家中以礼自卫，就像那高大的城墙防卫盗贼一样。国王的皇后嫔妃、大臣的嫡妻小妾没有一个不崇仰，以她做榜样的，个个都云集到她门前，学习她的德操仁仪。妇人有天晚上一觉醒来后，想起世事无常，荣华富贵犹如幻影，哪一样能永存不衰？身体是一条破船，由"我"这个灵魂驾驶着，就像见到月影而盼望天宝一样。身心疲劳、受苦，对自己又有什么好处呢？梦幻皆空幻不实，天神世荣的结果也都如梦幻一般。明日早晨，我要求得无上正真天中之天做我的老师。第二天清晨起床后就看见院中有石塔，佛像金光闪耀，塔壁上刻写有佛经，赞叹佛为众圣之师，独步三界。妇人大喜，叹道："这就是如来应仪正真道最正觉者吧？"于是立即五体投地，绕塔三圈，散花烧香，燃灯悬缯，朝夕恭敬虔诚，稽首礼拜。国王的王后、大臣的妻妾都希望也能沾其清风，驱除邪恶，崇尚真道。

邻居中有位凶夫，在外做生意的时候碰见了妇人的丈夫，诬告道："你的妻子弄神兴妖虚立鬼庙，每天早晚都烧香礼拜，念咒妖蛊，盼着你早死，非常不吉利。"丈夫回家。妻子告诉他："妾有一次晚上醒后觉得世事无常，早上起来又见院中有无上正真绝妙之佛像。所以我施设供养，烧香燃灯，悬缯散花，朝晚礼拜，稽首祝愿能自归三尊。您也应该这样，一定符合圣则。"她丈夫大喜，一心恭敬虔诚。所有国人也都承此风气，就这样，整整八万四千多年。

佛告诉鹜鹭子："当时的妇人就是我。她丈夫是弥勒。那位独母老妇是鹜鹭子。隔壁的凶夫是调达。菩萨就是如此意志坚定行精进度无极。"

然灯授决的故事

原典

昔者菩萨，身为女人，少寡守节，归命三尊。处贫乐道，精进不倦，蠲除①凶利，卖膏为业。

时有沙门，年在西夕，志存高行，不遑②文学。内否之类③谓之无明矣，礼敬有偏，终始无就。分卫④麻油以供佛前，独母照然，贡不缺日。

有一除馑⑤，稽首佛足，叉手质曰："斯老除馑，其虽少明，戒具行高，然灯供养，后获何福？"世尊叹曰："善哉问也。是老除馑，却无数劫，当为如来无所着正真道最正觉。项有重光，将导三界，众生得度，其为无数。"

独母闻之，驰诣佛所，稽首陈曰："除馑然灯，膏即吾所贡。云其当获为无上正真道，将导众生，还神本无，天、人、鬼、龙靡不逸豫，唯愿加哀，复授吾决。"佛告女人："女身不得为佛、缘觉、梵释、魔天、飞行皇帝。斯尊巍巍，非女人身所得作也。夫欲获彼，当捐秽体，受清净身。"

女稽首曰："今当捐之。"还居净浴，遥拜而曰："夫身者四大之有，非吾长保也。"登楼愿曰："以今秽身惠众生之饥渴者，乞获男躬，受决为佛。若有浊世众生盲冥，背正向邪，无知佛者，吾当于彼世拯济之也。"自高投下，观者寒栗。佛知至意，化令地软，犹天綩綖，睹身无害。即化为男，厥喜无量，驰诣佛所，踊跃而云："受世尊恩，已获净身，唯愿加哀，授吾尊决。"佛叹之曰："尔之勇猛，世所希有，必得为佛，无怀疑望。然灯除馑,其得佛时当授汝号。"天、人、鬼、龙闻当为佛,皆向拜贺,还居咨叹,各加精进,尔时劝发群生不可计数。

佛告鹙鹭子:"时老比丘者锭光佛是也,独母者吾身是。菩萨锐志度无极精进如是。"

注释

①蠲除:免除。

②不遑:来不及,没有时间。

③内否之类:内心邪恶的人。

④分卫:梵文 Piṇḍapāta 的意译,即"乞食"义。为以乞得之食物分与僧尼而卫护之令修道。

⑤除馑:有"除馑男""除馑女"二种,即是比丘、比丘尼的意译。我们以"除馑男"为例,其义为比丘能修福德之因,得供养之果,除因果之馑乏。天台《维摩诘经疏》卷一:"释比丘者,或言有翻,或言无翻。言有翻者翻为除馑。众生薄福在因,无法自资,得报多所馑乏,出家戒行是良福田,能生物善除因果之馑乏也。"

译文

从前菩萨曾经身为女人,年轻时就丧夫为寡,清净守节，归命三宝。虽身处贫困，但乐于修道，精进不倦，免除高利，以卖膏药为业。

当时有个沙门，已经年老，但却立志修习高行，所以没有时间在文学上多加留意。那些内心邪恶的人就认为他是无明之辈，于是对他颇有不敬之意，礼拜供养也不能自始至终。老沙门乞讨麻油供在佛前，这寡妇每次都布施麻油，一天也没有缺过。

有一位比丘稽首佛足，合掌问佛："这老比丘，虽然样子不很聪明，但持戒行高，现在燃灯供养，以后能获得什么福果呢？"世尊叹道："你这个问题问得好啊！这位老比丘，无数劫以后，当会成为无所着正真道最正觉的如来。他项有重重光环，意味着他能引导三界无数众生得度。"

寡妇听说以后，迅速赶到佛的住所，稽首而陈述道："那比丘所燃的灯，灯油就是我日日上供的。他将获得无上正真道，成为如来，将引导众生，得以涅槃得度，天、人、鬼、龙没有不欣然踊跃的。我只愿世尊能特别怜悯我，也能为我授决。"佛告诉女人："女人之身不能成为佛、缘觉、梵天、帝释、魔天、飞行皇帝。这些圣者都非常高贵，女人之身是无法修成的。要想能获得那些圣位，应该抛弃女人的污秽之体，换成清净之身。"

于是此寡妇稽首道:"现在我将抛弃此身。"回去后,洗浴净身,远远地向佛拜道:"身体只是四大和合而有,并不是我能长久保得住的。"接着登上楼顶,祝愿道:"愿以现在秽浊的身体施及众生所需要者,愿获男身,可授决为佛。如果有浊世众生盲昧无明,背离正道,趋于邪向,不知道佛的人,我将在那一世拯救他。"说完,就从高楼上跳下,见到的人莫不心惊肉跳。佛知道她心意至诚,于是施神通,使地变得非常柔软,就像天蜿蜒延伸,身子全然无害。且立即化成了男身,他高兴得不得了,飞快赶到佛所,欢欣而云:"承蒙世尊的恩惠我已获得清净之身,现只愿世尊怜悯,授我成为尊者圣人之决。"佛赞叹道:"你的勇猛的精神,世所罕见。你一定会成佛,不必怀疑。燃灯比丘成佛时会授付你佛号。"天、人、鬼、龙等听说此人将成佛,都一齐向他礼拜祝贺,回去后仍感叹不已,各自更加精进不倦,当时劝诱启发觉悟的众生无计于数。

佛告诉鹙鹭子:"当时的老比丘是锭光佛,寡妇是我。菩萨就是如此意志坚定行精进度无极。"

5　禅定度无极的故事

原典

禅度无极者,云何?端其心,壹其意。合会众善,内着心中。意诸秽恶,以善消之。

凡有四禅。一禅之行,去所贪爱五妖邪事,眼睹华色,心为淫狂,去耳声、鼻香、口味、身好,道行之志必当远彼。又有五盖①:贪财盖、恚怒盖、睡眠盖、淫乐盖、悔疑盖。有道无道,有佛无佛,有经无经,心意识念,清净无垢。心明睹真,得无不知,天龙鬼妖所不能惑。犹人有十怨②,脱身离之,独处山间,众所不知,无所复畏。人远情欲,内净心寂,斯谓一禅。心获一禅,进向二禅。

第二之禅,如人避怨,虽处深山,惧怨寻之,逾自深藏。行寂虽远十情③欲怨，犹恐欲贼来坏道志。得第二禅，情欲稍远，不能污己。第一之禅，善恶诤已，以善消恶，恶退善进。第二之禅，喜心寂止，不复以善住消彼恶也。喜善二意，悉自消灭，十恶④烟绝。外无因缘来入心者，譬如高山其顶有泉无流入者，亦非龙雨水自内出，水净泉满。善内心出，恶不复由耳、目、鼻、口入。御心如是，便向三禅。

第三之禅，守意牢固，善恶不入，心安如须弥。诸善不出，外事、善恶寂灭不入心，犹莲华根茎在水，华合未发为水所覆。三禅之行，其净犹华，去离众恶，身意俱安。御心如是，便向四禅。善恶皆弃，心不念善，亦不存恶，心中明净犹琉璃珠。

又如士女净自沐浴，名香涂身，内外衣新，鲜明上服，表里香净。菩萨心端，获彼四禅，群邪众垢无能蔽其心，犹若净缯在作何色？又如陶家⑤埏埴⑥为器，泥无沙砾在作何器？又犹锻师熟炼名金，百奇千巧从心所欲。

菩萨心净得彼四禅，在意所由，轻举腾飞，履水而行，分身散体，变化万端，出入无间，存亡自由，摸日月，动天地，洞视彻听，靡不闻见，心净观明，得一切智。未有天地众生所更，十方现在众心所念，未明之事。众生魂灵为天、为人，入太山、饿鬼、畜生道中，福尽受罪,殃讫受福,无远不如。夫得四禅,欲得沟港、频来、不还、应仪,各佛如来至真平等正觉无上之明,求之即得,犹若万物皆因地生。

自五通智⑦至于世尊,皆四禅成,犹众生所作非地不立。众祐又曰:"群生处世,正使天帝仙圣巧黠之智,不睹斯经,不获四禅之定者,犹为愚蒙也。既有智慧,而复一心即近度世,此为菩萨禅度无极一心如是。"

太子出游,王敕国内无令众秽当彼王道。太子出城,第二天,帝化为老人,当其车前。头白背偻,倚杖羸⑧步。太子曰:"斯人何乎?"御使对曰:"老人矣。""何谓为老?"曰:"四大根熟,余命无几。"太子曰:"吾后亦当老乎?"对曰:"自古有老,无圣免兹。"太子曰:"吾谓尊荣与凡有异,而俱不免。荣何益己?"还宫存之,一心得禅。王问仆曰:"太子出游,观国喜乎?"对曰:"道观老叟,存世非常,心不为欣。"王惧去国,重益乐人,惑之以荣华,乱之以众音,欲坏其道意,令守尊位也。

后复出游。王重敕曰:"无令羸老在道侧也。"前释复化为病人,体疲气微,肉尽骨立,恶露⑨涂身,倚在门侧。曰:"斯复何人?"对曰:"病人也。"曰:"何谓为病?""饮食不节,卧起无常,故获斯病,或愈或死。"曰:"吾亦饮食不节,卧起无常,当更病乎?"对曰："有身即病，无免斯患。"太子曰："吾不免患，后必如之。"还宫存之，一心入禅。

后出。帝释复化为死人，辇⑩担建旐⑪，哀恸塞路。曰："斯复何人？"对曰："死人。""何谓为死？""命终神迁，形骸分散，长与亲离，痛夫难处。"太子曰："吾亦然乎？"对曰："上圣之纯德，无免斯患。"回车还宫，一心入禅。

后复出游，之王田庐，坐树下睹耕犁者，反土虫出，或伤或死，鸟追食之。心中怆然，长叹曰："咄！众生扰扰，痛焉难处。"念之怅如，一心入禅。时日盛出，照太子身，树为低枝，不令日炙。王寻所之，遥睹无上圣德之灵，悲喜交集，不识投身，稽首为礼。太子亦俱稽首于地。

父子辞毕，王还于宫，太子一心入禅。菩萨禅度无极一心如是。

注释

①**五盖**：盖为覆盖之义。有五种东西能覆盖心性而使善法不能产生。

②**十怨**：泛指许多冤家仇敌。

③**十情**：泛指各种情欲。

④**十恶**：泛指各种不善的意念、行为。

⑤**陶家**：制造陶器的人。

⑥**埏埴**：埴，黏土。用水糅合黏土。

⑦**五通智**：即指六种神通中的前五种。一般认为菩萨能得五通，而佛可以得六通。

⑧**羸**：瘦弱。

⑨**恶露**：指身体上不干净的液体，如脓血、屎尿等。

⑩**輂**：运土的器具。

⑪**旐**：一种旗子。在此指送葬时所举的那些招魂的幡条之类。

译文

所谓禅定度无极，说的是什么呢？端正心念，一心一意，把所有善的东西放进心内，用善来消除所有秽恶的意念。

禅共有四种。第一禅，去除所贪爱的五种妖邪之事，如眼见那华丽的色彩心中所生的淫狂，去除耳听到声音，鼻闻到的香气，口尝到的美味，身体所接触到的一切舒适的东西。立有修道之志的人一定要远远离开那些。还当远离五盖：贪财盖、恚怒盖、睡眠盖、淫乐盖、悔疑盖。无论有道无道，有佛无佛，有经无经，心意识念，全都要清净没有尘垢。心明能辨真假，无所不知，纵使天龙鬼妖，也不能为之迷惑。就像人有许多冤家对头，设法摆脱他们，独自住到山里去，无人知晓，不再害怕。人们远离了情欲，内心清净静寂，这就叫作初禅。心获初禅后，就该向二禅努力。

第二禅，正如人们为了躲避冤家对头，虽处深山之中，但还是怕怨敌来寻找，所以又再往深山之中去，躲得更深，离得更远。修行静寂之行，虽已远离种种情欲、怨恨，但仍害怕那欲贼破坏修行者的志向。得了第二禅，情欲就离得比较远了，不再能使自身受污。第一种禅，善与恶相争，结果是以善除恶，恶退而善进。第二禅，喜心静止不动，不用再以善去消除那些恶了。喜善二种意念，全都消灭，十恶之行自然灭绝不生。外部没有因缘进入心内，就如高山顶上有泉水，却没有源头，且又非天龙兴雨自天而落的雨水，但是，满泉净水，清澈无比。内心善良，而恶却又不再能从耳、目、鼻、口等进入。能这样保护心，就可以向三禅努力了。

第三禅，守护之意非常牢固，善与恶都无法入内，内心安定犹如须弥山。心内的各种善意不出去，外部诸事、善与恶全部寂灭不能入心，就像莲花的根茎在水中，花苞尚未开放被水盖起来了。三禅之行的清净犹若莲花，除去各种恶念，身体、意念全都非常安稳。能如此保护心，就可以向四禅努力了。善与恶全都抛弃了，心既不念善也不思恶，心中明净透亮就像琉璃之珠。

又如士女自己沐浴洗身，用各种名贵的香料涂抹全身，里外全是新装，鲜艳美丽，表里都又香又净。菩萨内心端正，获得了四禅，所有的邪恶与尘垢再也不能遮蔽其心，就像纯净的丝绸可上任何颜色。又如制陶器的师傅用水糅了黏土来造各种器物，泥中没有沙子石头，这样的材料有什么器物不能做？又譬如打铁的匠人能熟练地冶炼各种名贵的金子，所以百奇千巧均可随心所欲。

菩萨心地纯净获得了四禅，就能随意念而行，身子能轻举腾飞，也可踩水而行，有分身散体之术，变化万端，出入无间，存亡自由，能够摸到月亮和太阳，也能感天动地，眼睛明亮没有什么看不见，耳朵灵敏，没有什么听不清，心净明观获得一切智。对天地众生的变化，对十方现在众生心中所思、所念，没有不明白的。众生的灵魂化生为天、人，进入太山、饿鬼、畜生道中，福尽后受罪，殃完后得福，没有会因相距太远而达不到的。获得四禅后，想要获声闻四果，诸佛如来至真平等正觉无上之明，求之即得，就像万物皆从大地而生。

从五通智再到佛世尊，皆因四禅而成，犹如众生所作所为没有一样不以大地为基一样。世尊又道："众生处在世上，即使能正确使用天帝仙圣的巧黠之智，但不看此经，不获四禅之定的话，仍然愚昧朦胧。既有智慧，而又一心就近度世，菩萨就是这样一心行禅定度无极。"

太子禅定的故事（上）

太子要出游，国王命令国内不要在太子经过的路上出现任何污秽、丑陋的东西。第二天，太子出城了，天帝释化作一位老人，满头白发，背脊佝偻，拄着拐杖，迈步艰难，一副衰丑龙钟的样子。老人挡在太子车前。太子问道："这是什么人？"御史答道："这是老人啊！""什么叫作老呢？"御史答道："四大根熟，没有几年好活的了。"太子又问："以后我也会老吗？"对方答道："自古人就有老，任何贤者圣人都逃脱不了。"太子道："我原还认为尊贵者与世俗凡人有区别，实际上最后都要成为老人。那么荣华富贵对我又有什么用呢？"回到王宫，太子一直在想着这件事，一心入定。国王问御史："太子出游，在国内观光高兴吗？"御史答："路上见到个衰丑龙钟的老人，想到世事无常，所以心里很不高兴。"国王害怕太子要抛弃国家而去，于是又增添了不少歌舞伎女，想用荣华富贵来迷住他，想用靡丽美妙的音乐来扰乱他的心思，从而想破坏他的道意，希望他能继承王位。

太子后来又一次出游，国王又命道："不要让那些羸弱年老的人出现在路边。"这一次帝释又化作一个病人，靠在门框上：皮包骨头，满身恶露，疲顿不堪，奄奄一息。太子问道："这又是什么人？"御史答道："这是病人。""什么叫作病呢？""饮食没有节制，起卧没有规律，所以就生了这病，有的可治好，有的则不愈而死。"太子听后问道："我饮食也从不节制，起卧也从没规律，也会生病吗？"御史答道："有身就有病，无人能避免病患。"太子道："我既然也无法避免此患，以后也一定会像这个样子。"回宫以后，太子一直想着这件事，一心入禅。

后来，太子再一次出游。帝释这一次又变成个死人，被丧夫们抬着，白幡招魂，亲朋哭泣，哀痛的人群挤满了道路。太子问道："这又是什么人？"御史答道："这是死人。""什么叫作死呢？""生命结束，灵魂迁升，形骸分散，与亲朋好友永别，哀悼痛哭的场面使人目不忍睹。"太子于是问道："我也会死吗？"答道："即使道德高尚的圣人也终难免有一死。"太子回宫后，又一心入禅。

后来太子又出游，来到田野的一座茅庐旁，坐在一棵大树下，看那些农夫在耕地，只见犁过的泥土，翻出许多小虫，有的死，有的伤，鸟雀飞来争着啄食。太子目睹这悲惨的景象，心中无限怆然，禁不住长叹："唉！众生终日为求生存而忙碌无休，多么困难，多么痛苦啊！"感叹完后，更加怅然，于是又一心入禅。正当此时，骄阳似火照在太子身上，大树垂下了枝头，为太子挡住阳光。国王来找太子，远远地见到无上圣德的灵瑞之相，悲喜交集，也不知是谁，禁不住就五体投地，虔诚礼拜。太子也一起稽首作礼。

父子俩施礼结束后，国王回到宫中，太子仍一心入禅。菩萨就是这样一心行禅定度无极。

太子禅定的故事（中）

原典

太子初生，王令师相。师曰："处国，必为飞行皇帝；捐国作沙门者，当为天人师也。"王兴三时殿，春、夏、冬各自异殿。殿有五百伎人，不肥不瘦，长短无订，颜华鲜明，皆齐桃李，各兼数伎，姿态倾贤，以乐太子。殿前列种甘果，华香苾芬。清净浴池，中有杂华，异类之鸟，鸣声相和。宫门开闭闻四十里，忠臣卫士徼循①不懈。警备之鸟，鸡鹄、鸳鸯，惊鸣相属。太子年十七、无经不通，师更拜受。王为纳妃，妃名瞿夷②，容色之华，天女为双。力势顿却六十巨象。至年十九，太子都合诸伎凡千五百人，共处一殿，极其伎乐，欲令疲卧，可得舍去。

天③令乐人皆卧无知，太子靖思，视诸伎人，犹木梗人，百节皆空，中如竹节。手足垂地，涕泪流出，口唾污颊，腹鼓乱头。乐人皆着名珰垂悬，步摇华光，珠玑璎珞，琨环杂巧，罗縠文绣，上服御衣。琴瑟筝笛，筎箫乐器，纵横着地。警备之鸟及守卫者，顿瞑无识。太子以无蔽之眼遍观众身。还观其妃，头发、髑髅、骨、齿、爪、指、皮肤肌肉、脓血髓脑、筋脉心胆、脾肾肝肺、肠胃、眼泪、屎尿、涕唾，内视犹枯骨，外视犹肉囊，无一可贵。不净臭处，睹之存忆，令人吐逆，犹假文彩衣之薰香其表，以屎尿脓血满着其内。愚者信其表，明者睹其内，远之万里，犹复闭目也。太子睹之，若幻难可久保，处世假借，必当还主。卧者纵横，犹如死尸，愈不乐焉。

一心得禅，从禅觉。仰视沸星，夜已向半。诸天侧塞④，叉手作礼，华香众乐，举愿无量。太子睹诸天稽首,即说经曰:"淫逸最恶,令人狂醉,谤正叹邪,以瞑为明,是故诸佛、辟支佛⑤、阿罗汉,不誉为善,当疾远之。"反复思维,呼车匿⑥,曰:"疾被鞴⑦陟。"重自惟曰:城门开闭闻四十里,云如之何?诸天佥曰:"敬诺,世尊,吾等御门,令其无声,宫人无知。"

马蹄寂然不闻微声,太子上马。百亿帝释、四百亿四大天王、天龙鬼神翼从⑧导引,平治涂路,天乐咏歌:"无上巍巍,吾生遇哉,得睹灵辉,消心尘劳,永世不衰,痛夫八难远,尊可哀。"马始出门,门即有声,马哽咽悲鸣,泪流交颈。诸天压王,一国无知。所以然者,欲令太子早得佛道。

太子弃金轮王七宝之位,忍众苦度众生。菩萨禅度无极一心如是。

注释

①微循:巡察、巡视。循,通"巡"。

②瞿夷:梵语 Gopikā 的音译,也作"瞿毗耶""瞿比迦""瞿波"等。据《本起经》上说到:从前锭光佛出世时,有位儒童,听说佛出世,非常高兴地来到城里,想求得莲花而供养,但却四处不得。有个叫瞿夷的女孩持有七茎莲花,儒童从瞿夷那里获得莲花供佛。瞿

夷与儒童约定，后生人世时与儒童作妇。儒童就是释迦牟尼佛。瞿夷即太子妃。

③**天**：即天帝释。

④**侧塞**：塞满、挤满。

⑤**辟支佛**：梵文 Pratyeka-buddha（辟支迦佛陀）之简称，意译作"缘觉"，也作"独觉"。与声闻合称"二乘"，与声闻、菩萨合称"三乘"。据《大智度论》卷十八、《大乘义章》卷十七本载，有二义：（一）出生于无佛之世，当时"佛法已灭"，但因其前世修行的因缘，"自以智慧得道"；（二）"自觉不从他闻"，观悟十二因缘之理而得道。一般多指其后一义。

⑥**车匿**：释迦牟尼佛未出家为太子时的负责饲马驾车的随从。太子出家时，他曾驾车送行。这里正言此事。

⑦**鞴**：垫马鞍的东西。

⑧**翼从**：左右紧紧随从。

译文

太子初生时，国王曾让相师相面。相师道："这孩子如果继承王位，一定能建功立业，成为统治天下的转轮圣王；如果弃国出家做沙门的话，就会成佛。"于是国王特意为太子筑了春、夏、冬三时宫殿，寒、暑、温三时各自不同。殿内有五百位宫人美女，一个个如花似玉，倾国倾城，且又能歌善舞，为了使太子高兴，宫殿内整日莺歌燕舞。殿前种了一排排的果树，花香芬芳，沁人心脾。清澈的浴池中，有各式各样的花儿，各种各样的鸟儿一齐歌唱，婉转悦耳。宫殿大门开关的声音达四十里之远，忠臣卫士们日夜巡察守卫，不敢有丝毫懈怠。连鸟儿都为警备而效劳，一有异情，鸡鹊、鸳鸯一齐鸣叫。太子到了十七岁，无经不通，国王为他聘请了不少老师。又为他娶了瞿夷为妃。瞿夷绝色荣华，只有天女能比。太子又力大无比，能搏倒六十头大象。一直到十九岁了，太子还和这些宫人歌伎在王宫中过着歌舞盈庭的生活，国王正是希望这样能羁縻他，使他打消出家的念头。

有一次，天帝释让那些歌伎宫女都熟睡不醒，只有太子一人独坐静思。太子再看这些歌伎宫人，就像木梗人，一节节都是空的，当中就像竹节。她们手脚垂地，眼泪鼻涕一大堆，唾液满脸，肚子像破鼓，千疮百孔。但这些宫女歌伎平时却一个个都穿金戴银，绫罗绸缎，珍珠翠玉，璎珞佩玑，一步一摇华光，眩人眼目，引人入迷。现在这些东西与那些琴瑟筝笛、筘箫乐器等一起乱七八糟地被扔在地上。那警备之鸟以及守卫的士兵，也一个个熟睡无知。太子以洞察一切的敏锐眼力将众生之身看得清清楚楚。太子又转过来看自己的妃子：头发、髑髅、骨头、牙齿、脚爪、手指、皮肤肌肉、脓血脑髓、筋脉心胆、脾肾肝肺、肠胃、眼泪、鼻涕、屎尿，从里看就像枯骨，从外看犹若肉囊，没有任何一样是珍贵的。那些污秽不净的地方看了，让人一想起就要吐，犹若借华美艳丽的衣服装扮外表，里面却塞满了屎尿脓血等肮脏的东西。愚昧无知者相信那表面的东西，明白有智者能看清内部，即使万里之外，眨眨眼睛而已。太子眼看这些，心中明白这些就像幻影难以久存，人身在世，只是假借和合，最后必当还给"主人"，四大分散，人身空无。而那些睡觉的人，一个个横七竖八，就像死尸，如此，太子心中就更加不高兴。

于是太子一心得禅，从禅而觉悟。太子仰头观看沸星，已到夜半时分。诸天神挤满虚空，合掌施礼，散花烧香，梵呗法乐，提出无数的愿望。太子见诸天稽首作礼，就为他们讲说佛经道："淫逸是最坏的东西，可使人发狂、神志不清，诽谤正道而赞叹邪理，将黑暗看成光明，所以诸佛、辟支佛、阿罗汉，对它不赞赏，而是应当远远地离开它。"就这么反复思考，喊车匿道："快备鞍马。"上马后又想到：开关城门之响四十里路远都能听见，又怎么办呢？诸天神一起道："遵命，世尊，我们来把门，使它没有一点声息，宫人不会知道。"

于是太子上马,马蹄轻捷没有一点声音。上百亿的帝释、四百亿的四大天王、天龙鬼神一路保护、引路,平整道路,诸天一起奏乐歌咏道:"巍巍无上荣光啊!今生今世有幸能见如来神光,消除心中的尘劳,永世不衰。能远离八难的痛苦,世尊,悲悯我们啊!"马一出城,门就响了。马哽咽悲鸣,泪流遍颈,诸天压制了国王,全国无一人知晓。之所以要这样,是想要让太子早得佛道。

太子放弃了金轮王七宝之位,忍受种种痛苦,是为了度脱众生。菩萨就是这样一心禅定度无极。

太子禅定的故事(下)

原典

太子未得道时,取地槀草①,于树下叉手正坐,弃众垢念,清其心,一其志,自念曰:"今日为始,肌筋枯腐,于此不得佛者,吾终不起。"菩萨即得一禅,二、三至四禅。即于一夜得宿命②,知无数劫父母、兄弟、妻子、九族。二夜之中得天眼③,自知无数劫贫富贵贱、长短白黑,众生心中有念无念,得无不知。三夜之中得漏尽④,三毒⑤都灭。夜向明时,佛道成矣。

深自思曰:"吾今得佛,甚深甚深难知难了,微中之微妙中之妙也。今佛道成得无不知。"起至龙水所。龙名文邻。文邻所处,水边有树。佛坐树下曰:"昔者锭光佛授吾尊决,当为释迦文佛⑥,真如所闻,吾今得佛矣。自无数劫来,布施、持戒、忍辱、精进、禅定、明度,积功之愿,始今得极尊,作善福归,不亡我功。"佛适念之,便入禅度无极。

佛在水边,光明彻照龙所居处。龙睹光影,鳞甲皆起。龙尝见三佛:拘留孙佛、拘那含牟尼佛、迦叶佛⑦。三佛得道,皆在此坐。明悉照龙所居。龙睹光明念曰:"斯光与前三佛光影齐同,世间得无复有佛乎?"龙大欢喜,出水左右顾视,睹佛坐树下,身有三十二相⑧,紫磨金色,光明奕奕,过月逾日,相好⑨端正如树有华。龙前趣佛,头面着地,绕佛七匝,身去佛四十里,以七头覆佛上。龙喜作风雨,七日七夕。佛端坐不动不摇,不喘不息。七日不食得佛,心喜都无有想。龙大欢喜,亦七日不食,无饥渴念。

七日毕风雨止,佛禅觉悟。龙化为梵志,年少鲜服,长跪⑩叉手,稽首问曰:"得无寒、无热、无饥、无渴,功福会聚,众毒不加,处世为佛,三界特尊,岂不快哉?"佛告龙曰:"过去诸佛经说,众生离三恶道得为人快;处世闲居守道志快;昔者所闻今皆获快;处世怀慈，不害众生快；天魔⑪重毒皆歇快；淡泊无欲，不慕荣快。于世得道为天人师，志空、不愿、无相⑫之定，众欲之有身，还神于本无，长存之寂，永与苦绝，斯无上之快矣。"龙稽首言："自今已后，自归佛归法。"佛告龙："方有众圣，其誓应仪，欲除馑苦，亦当豫自归之。"龙曰："诺。"自归除馑众。

畜生之中归佛先化，斯龙为首。菩萨禅度无极一心如是。

注释

①槁草：干草。

②③④宿命、天眼、漏尽，在"罗汉"称为"三明"，在佛称为"三达"。佛和罗汉所拥有的三种神通，因称以智慧力量破除愚闇，故名"三明""三达"。

⑤三毒：指贪、嗔、痴三种烦恼。在诸烦恼中，此三者被视为犹能毒害众生，成为产生其他烦恼的根本，所以又称"三不善根"，列为"根本烦恼"之首。

⑥释迦文佛：即"释迦牟尼佛"。"文"是 muni（牟尼）的意译。

⑦拘留孙佛、拘那含牟尼佛、迦叶佛："过去七佛"中的三佛。其中"拘留孙佛"为"七佛"之四，据《长阿含经》卷一载，他出世于此贤劫，举行过一次说法集

会，有四万弟子参加。上首弟子是萨尼与毗楼。而"拘那含牟尼佛"则是"七佛"之五，据《长阿含经》卷一载，出世于此贤劫，举行过一次法会，有三万弟子参加。最后"迦叶佛"是"七佛"之六。据《长阿含经》卷一载，出世于此贤劫，举行过一次法会，弟子参加者有二万人。又传说他是释迦牟尼的前世之师，曾预言释迦牟尼将来必定成佛。

⑧**三十二相**：也称"三十二大人相""三十二大丈夫相""三十二大士相"等。指释迦牟尼因为累劫修行的功德，因此具足有三十二个圆满的特征。参见《大智度论》卷四。

⑨**相好**：佛陀生来容貌超越凡俗，有"三十二相"的显著特征，还有微细隐秘难见之处有八十种特征，称"八十种好"，合称"相好"。

⑩**长跪**：也称"胡跪"。两膝一齐着地，两胫翘空，两足趾拄地，挺身。

⑪**天魔**：称"波旬"（魔王）及魔众，因其居于欲界第六天，即"他化自在天"，故称。

⑫**无相**：与"有相"相对。相即"名相"，指现象的相状和性质，也指认识中的表象和概念。无相即指摆脱世俗之有相认识而所得的不可见、不可觉、不可知、不可说清的事物之实相，亦即"涅槃"。

译文

太子还没有得道的时候,在一棵大树下,铺上干草,合掌正坐,抛弃所有杂念妄想,一门心思,端身正念,自己发誓道:"从今天开始,哪怕肉腐骨烂,只要不得佛,我终不起此座。"于是菩萨一心入禅,即得一禅、二禅、三禅乃至四禅。他于初夜得"宿命",知道了自己无数劫以来的父母、兄弟、妻子、儿女、亲朋好友。于中夜得"天眼",了然于无数劫贫富贵贱、长短白黑,及众生心中有念还是无念,总之世界种种,无所不知。于后夜得"漏尽",贪、嗔、痴三种烦恼全部断灭。天将拂晓,他心中豁然大悟,获"无上正等正觉",得成佛道。

他独自深思:我现在已得佛道,这真是非常非常深奥,极为难知,极为难了,真是微中之微,妙中之妙啊!现在我已成佛,应该是无所不知,无所不晓。于是佛立起,来到龙所住的地方。此龙名文邻。文邻所住的水边有棵大树。佛坐在树下念道:从前,定光佛曾经为我授尊决,预言我会成为释迦牟尼佛,真如他所说,我现在成佛了。我从无数劫以来,就布施、持戒、忍辱、精进、禅定、智慧,积功累愿,现在才得以成为至尊无上的佛,行善有福报,我的功德没有白费。佛就这么念着，精神完全集中，就得以禅定度无极。

佛坐在水边，一片光明，遍照龙宫。龙见此光影，鳞甲全都竖起。此龙尝见过三佛：拘留孙佛、拘那含牟尼佛、迦叶佛。三佛得道后，都曾在此坐。光明照遍龙宫。文邻龙见佛光明，心中念道：这光与前面的三位佛光影完全一样，人世间难道是又有佛出现吗？龙非常高兴，跃出水面，左右观看，见佛坐在树下，身有三十二相，紫磨金色，光明灿灿，那光比太阳还明，比月亮还亮。佛相貌庄严端正，如树上的花朵。龙来到佛的面前，五体投地，绕佛七圈，然后离开佛四十里远，用七个头罩住佛的上空。文邻龙很高兴地兴风作雨，共七天七夜。佛端身正坐，一动都不动，连气都不喘一口。佛七天不吃一点东西，心中欣喜根本没有想到身体。龙也非常高兴，也七天七夜不吃一点东西，且没有一点饥渴的感觉。

七天以后，风停雨止，佛禅定觉悟。龙变作一位年轻的梵志，穿着鲜亮的衣服，长跪合掌，稽首作礼问道："能无寒、无热、无饥、无渴，功德与福贵汇聚而来，所有丑恶不能加之于身，在世间为佛，三界之中最为尊贵，难道不是很快活吗？"佛告诉龙道："过去的种种佛经都说，众生远离三恶道能得以成人很快活；在世上深居不出，一心守道很快活；过去所听说的，现在都真得到了也很快活；身在世上，心怀慈悲，不加害于众生很快活；天魔的巨毒全部都消失很快活；淡泊明志，无欲无念，不慕虚荣很快活；于世间得道成为天人师，立志入于空、不愿、无相之禅定，虽有四肢之身，但却达不生不死的境界，长期寂然心静，永远与苦绝离，这是最大的快乐。"龙稽首礼拜道："从今以后，自愿皈依于佛，皈依于法。"佛又告诉龙："还有众位圣贤，立誓得罗汉果位，除贪染六情饥饿之苦，你也应当准备自愿皈依。"龙道："好。"于是自愿皈依众位比丘。

畜生之中皈依佛先得到化度的，这条龙是第一。菩萨就是如此一心行禅定度无极。

佛禅定的故事

原典

佛行得小径，其边有树，佛坐其下，与千二百五十比丘俱，一心入定。有五百乘车过。佛时盛渴，告阿难曰："尔取水，吾欲饮之。"曰："属有五百乘车过，其水盛浊不可饮。"又重敕曰："吾渴尤甚，尔驶取水来。"至再三。阿难曰："有溪名鸠对，清澄且美，可浴可饮。"

佛与阿难说斯未竟，时有一人名胞罽，师事逝心①。逝心名罗迦蓝。胞罽睹佛灵辉，身色紫金，相好甚奇，古圣希有，心喜逾溢，拱手直进，稽首而曰："属有五百乘车由斯行矣，世尊宁闻见乎？"曰："不闻不见也。"胞罽曰："世尊卧乎？"曰："吾坐禅，得一心定。"胞罽叹曰："如来无所着正真觉，玄深之定，乃至斯乎？车向者震国，躬污尘埃，志道无漪，不闻不见。乾坤可动，斯志难倾。吾师在时，亦于道边树下得禅，时亦有五百乘车历其前，有人问曰：'宁闻见乎？'曰：'不闻不睹。'其人曰：'子时卧出乎？'曰：'吾一其心，得清净定，故不闻。'其人曰：'罗汉道志深，乃如之乎？车历前，身污尘而不觉。'其人睹彼志幽玄，师事终年。"

胞罽曰："佛寂定无漪之志犹吾往师，自今日始终命，奉佛五戒为清信士②，敢履众恶。"佛告胞罽："五百车声孰如雷震之响？"对曰："千车之声，犹不比雨之小雷，岂况激怒之霹雳乎？"

世尊曰："吾昔处阿谭县蓬庐之下坐，惟生死之本，暴风雨、雹、雷电、霹雳，杀四特牛，耕者兄弟二人。其县黎民，观者甚众。吾时出经行③，有一人至吾所，吾问之曰：'众将何观乎？'其人如事说之。人曰：'佛时何之？'答曰：'独在屋下。'人曰：'佛时卧乎？'曰：'不。'人曰：'焉有寤而不闻乎？志道甚深。自今之后，愿师事世尊，奉五净戒为清信士，终身守真。'"

胞罽闻之，心开结解，其喜无量，顾敕从者曰："内藏金织成衣有千领，择取妙者来，吾欲上佛。"从者承命归家取来，胞罽自手以衣被佛身上，退稽首曰："自今愿世尊屈影灵，之吾乡诸清信士所，并顾下吾家。宗门巨细，各自亲身供养于佛。毕天地之寿以至恭之心，奉养天龙鬼神，蜎飞、蚑行、蠕动之类者，不如一日饭一沙门，岂况无上正真佛乎？愿垂弘慈，授吾无极之福。"世尊曰："大善！"菩萨禅度无极道志如是。

注释

①逝心：婆罗门的旧译。

②清信士：梵示 Upāsaka（优婆塞）的意译，也称"近事男""近善男""男居士"等，指亲近皈依三宝、接受五戒的在家佛教男信徒。也泛指在家的信佛男子。

③经行：意指在一定的场所中往复回旋地行走。通常在食后、疲倦时，或坐禅昏沉瞌睡时，即起而经行，为一种调剂身心之安静散步。

译文

佛走在一条小路上,见路边有棵树,于是就在树下坐下,与一千二百五十位比丘一起,一心入禅定。当时有五百辆车从旁经过。佛特别渴,就对阿难道:"你去弄些水来,我想喝。"阿难道:"刚才有五百辆车经过,可是那水混浊不堪,根本不能喝。"佛又命道:"我渴得厉害,你快去弄点水来。"佛下第三次命令后,阿难道:"有一条名为鸠对的小溪,那里水又清又甜,既可洗浴又可饮用。"

佛与阿难正这么说着还没完,有一个拜罗迦蓝梵志为师的名叫胞翳的人从这里经过,见佛发出圣灵光辉,身子是紫磨金色,相貌庄严端正,非常奇特,即使古代圣贤也很罕见,心中有按捺不住的欣喜之情,拱手径直朝佛走来,稽首礼拜而道:"我刚才有五百辆车从这里经过,世尊难道没有听见,没有看见吗?"世尊道:"既没有听见也没有看见。"胞翳问:"世尊睡了吗?"世尊道:"我正在坐禅,得一心定。"胞翳赞叹道:"是如来的无所着正真觉,玄妙深奥的禅定,才能达到这样的程度吧!车队路过,其声之大,震动一国。身体虽处在污泥尘埃之中,但一心立志于道,平静而不起一丝涟漪,既不听见也不看见。乾坤可动,但这求道之志却实在难以动摇。我的老师在的时候,也是在路边的树下坐禅入定,当时也有五百辆车从他面前经过,有人问道:'你难道没有听见,没有看见吗?'回答道:'既没听见也没看见。'那人道:'您当时正睡觉吗?'答道:'我专心一意,集中精神获得清净之定,所以听不见。'那人道:'罗汉道志向深大,才达到这样的程度吧!车队从面前经过,身处污泥尘土之中却浑然不觉。'那人见他的道志幽深玄妙,于是拜他为师,侍奉直至命终。"

胞罽又道:"佛寂然入定,纹丝不动的道志就跟我以前的老师一样,从今天开始一直到命终,我都尊奉佛教五戒,成为清信士,敢于践踏所有丑恶的东西。"佛问胞罽:"五百辆车队的声音与雷震的响声,哪个更响?"答道:"千辆车的声音,都比不上雨中的小雷,更何况激怒之下的震天霹雳呢?"

世尊道:"从前我曾经在阿谭县的草蓬茅庐之下静坐,思考生与死的本质,当时有暴风骤雨、冰雹、雷电、霹雳,杀死了四头公牛,二位是兄弟的农夫。当时,县里的百姓,出来看的人很多。而我正好出来经行,有个人来到我那里,我问他:'大家看什么呢?'那人就如实把事情说了一遍,又问我:'佛那时去哪里了?'我答:'独自在屋内。'他又问:'佛当时睡着了吗?'我答:'没有。'那人道:'怎么会有醒着而听不见的呢？这一定是志道很深的缘故。从今以后，自愿拜世尊为师，尊奉五净戒，成为清信士，终身坚守纯真。"

胞罽听了这话，心开意解，豁然开朗，欢欣无比，回过头来命令随从道："家里珍藏的用金丝织成的袈裟有上千领，你回去挑最好的来，我要供献给佛。"于是随从承命回去取来了最好的袈裟，胞罽亲自给佛披上，然后退而稽首道："从现在起愿世尊能屈折圣影灵光，到我的故乡，众清信士所住的地方，并能屈尊到我家。可使宗门大大小小，都各自亲身来供养佛。用天地间最长的年寿以及最恭敬的至诚之心，来奉养天龙鬼神、飞禽走兽等众生，不如一天供养一位沙门，更何况至高无上正真的佛呢？愿世尊能施以宏慈大悲，授予我无边的福德。"世尊道："很好。"菩萨禅定度无极的道志就是这样。

比丘禅定的故事

原典

昔者比丘，饭毕澡漱，入深山丘墓间树下坐，叉手低头，一心灭念，内意心中消去五盖。五盖灭后，其心照然，冥退明存。顾愍天人蜎飞、蚑行、蠕动之类，伤其愚惑，怀斯五盖，遏绝明善之心。消去五盖，诸善即强。犹若贫人举债治生，获利还彼，余财修居，日有利入，其人心喜。又如奴使免为良民，困病获瘳，九族日兴，牢狱重罪逢赦得出。又如重宝渡海历险，还家见亲，其喜无量。心怀五盖犹斯五苦。

比丘见谛，去离五盖，犹彼凡人免上五患。盖退明进，众恶悉灭，道志强盛，即获一禅。自一禅之二禅，凡有三行：一曰勤休，二曰数念，三曰思维。自斯三事得成四禅。以一禅至二禅，以二禅之三禅，以三禅之四禅。四禅胜三禅，三禅胜二禅，二胜一。

第一之禅，十恶退五善进。何谓十恶？眼乐色、耳音、鼻香、口味、身好，并上五盖谓之十恶。何谓五善？一计、二念、三爱、四乐、五曰一心。斯五善处内。

第二之禅，不计不念。制心内观，善行在内，不复由耳、目、鼻、口出入。善恶二行不复相干。心处在内，唯有欢喜也。

三禅之行，除去欢喜，心尚清净，泊然寂寞。众祐各佛应仪曰："诸能灭欲净其心者，身终始安。"

第四之禅，喜心去，得寂定。一禅耳为声乱，二禅心为念乱，三禅心欢喜乱，四禅心为喘息乱。一禅耳声止，进至二禅；二禅念灭，进至三禅；三禅欢喜灭，进至四禅；四禅喘息灭，得空定。菩萨禅度无极一心如是。

译文

从前有个比丘，吃完饭，洗漱完毕，进入深山中的坟场间。他在一棵大树下端坐，合掌低头，一心消除各种杂念，内意心中消去五盖。五盖灭除后，他的心豁然明亮，冥暗消退，唯有光明。关心同情天上人间一切有情之物，为他们的愚惑而感伤。众生因心怀五盖，所以明善之心被遏制、灭绝。只要消除五盖，种种善心就能增强。就像那穷人借了债去做生意，赚了钱以后，还了债，剩下的钱还能修屋建舍，每天都能获得利益，那人心中非常高兴。又如被人使唤的奴婢被免为良人；重病缠身的人获得痊愈；亲朋好友日渐增多；牢狱中犯有重罪的犯人逢大赦得以出狱。又如带了很多宝贝，渡海历险，最后终于回到家中，得以与亲人团聚，无比欣喜。心怀有五盖，犹如此五苦。

比丘证悟真理，夫离五盖，犹如那凡人免除以上五患。五盖消失，智慧增进，众恶全灭，道志强盛，如此就获得了初禅。从一禅到二禅，共有三行：一为勤休，二叫数念，三是思维。从这三事得以成四禅。以初禅到二禅，以二禅到三禅，以三禅到四禅。四禅胜三禅，三禅胜二禅，二禅胜初禅。

初禅，十恶退而五善进。什么是十恶呢？眼见美色，耳闻妙音，鼻嗅香气，口尝美味，身触好物，加上以上的五盖就叫作十恶。什么叫五善呢？一计、二念、三爱、四乐、五一心。这五善处于心内。

二禅，不计不念。控制住心，内观真理，善行在内，不再从耳、目、鼻、口出入。善恶二行不再相干。心处在内，唯有喜乐。

三禅，除去喜乐，心尚清净，安定静寂。诸佛罗汉圣贤说："所有能灭除欲念、清净其心的人，其身才能自始至终安宁。"

四禅，欢喜之心也没了，得以寂定。初禅时耳为声乱，二禅时心为念乱，三禅时心为欢喜乱，四禅时心为喘息乱。得初禅，耳声静止，进到二禅；得二禅，内心念灭，进到三禅；得三禅，喜乐也去，进到四禅；得四禅，喘息都无，获得空定。菩萨就是这样一心禅定度无极。

6　智慧度无极的故事

普通人的故事

原典

昔者菩萨,时为凡人。年十有六,志性开达,学博睹弘,无经不贯。练精深思:众经道术,何经最真?何道最安?思已,喟然而叹曰:"唯佛经最真,无为最安。"重曰:"吾当怀其真,处其安矣。"亲欲为纳妻,怅然而曰:"妖祸之盛莫大于色。若妖蛊臻①,道德丧矣。吾不遁迈②,将为狼吞乎?"于是遂之异国,力赁③自供。

时有田翁,老而无嗣,草行获一女焉,颜华绝国,欣育为嗣,求男为偶,遍国无可。翁赁菩萨积有五年,观其操行，自微至著，中心嘉焉曰："童子，吾居有足，以女妻尔，为吾嗣矣。"女有神德，惑菩萨心，纳之无几，即自觉曰："吾睹诸佛明化，以色为火，人为飞蛾。蛾贪火色，身见烧煮。斯翁以色火烧吾躬，财饵钓吾口，家秽丧吾德矣。"

夜默遁迈。行百余里，依空亭宿。宿亭人曰："子何人乎？"曰："吾寄宿亭人。"将入，睹妙床蓐众珍光目，有妇人颜似己妻，惑菩萨心，令与之居，积有五年。明心觉焉，曰："淫为蠹虫，残身危命者也。吾故驰隐，衰又逢焉。"

默而疾迈。又睹宫宝妇人如前，复惑厥心，与居十年。明心觉焉，曰："吾殃重矣，奔而不免。"深自誓曰："终不寄宿。"

又复遁逃，遥睹大屋，避之草行。守门者曰："何人夜行？"答曰："趣及前聚。"曰："有禁无行。"内人呼前，所睹如上。妇曰："自无数去，誓为室家，尔走安之？"菩萨念曰：欲根难拔，乃如之乎？

即兴"四非常"之念曰：吾欲以非常、苦、空、非身之定灭三界诸秽，何但尔垢而不能殄乎？兴斯四念，鬼妻即灭，中心炅如④，便睹诸佛处己前立，释空、不愿、无想之定，授沙门戒，为无胜师。菩萨普智度无极行明施如是。

注释

① 臻：到达。
② 遁迈：逃走，离开。
③ 赁：给人做雇工。
④ 炅如：明亮貌。

译文

从前，菩萨曾经只是一个普通人。他十六岁的时候，志性洞开，学识渊博，见识广大，无经未读过，无经不精通。他深思道：各种经典，各样道行，什么经典最真实？哪种道行最使人安心呢？想完，喟然长叹道："只有佛经最为真实，唯有无为最令人安心。"又自道："我应该拥有这样的真实，身处如此之安心。"双亲要为他娶亲纳妻，他怅然而道："最大的妖孽祸害莫过于色。如果被妖孽所蛊惑，就将丧失道德。我要是还不赶紧离开的话，不就要被恶狼吞吃了吗？"于是就逃到了另一个国家，靠给人做雇工，卖苦力而维持生计。

当地有个农夫，年岁已老却无儿无女，有一次在草地里捡到一个女孩，长得如花似玉，举国无双。农夫很高兴地将她带回家，当作女儿抚养，想给她找个女婿，可寻遍全国也没有合适的人选。而这时菩萨在农夫家中当雇工已经五年了，农夫很细致地全面地观察过他的道德、操行，心中很是赞赏，便道："年轻人，我有足够的家产，现把女儿嫁给你为妻，可为我传种接代。"这女子有些神德，迷住了菩萨的心，于是就纳之为妻。可过了没多久，菩萨就明白了。他想：我见诸佛教化清清楚楚，都把色看作火，将人譬作飞蛾。飞蛾贪图火色，飞扑上前，结果被烧，自取灭亡。这老汉用色火烧我的身子，以财产为饵钓我的嘴巴，用家庭的污秽来使我丧失德操。

于是，他在半夜又悄悄地逃走了。走了约一百多里路，见有个空亭，就想进去投宿。但没想里面已经有人，问道："你是什么人？"菩萨答道："我是想寄宿的客人。"入亭以后，只见内中有华丽的床铺被褥、绫罗帐幔，珍珠宝贝闪闪发光，炫人眼目，还有一位绝色女子，很像自己的妻子，这女子千方百计迷惑菩萨，使得菩萨与其同居，一晃又是五年。后心明自觉，道："淫逸是蠹虫，残害人身，败坏人心。我原先出走就是想躲开妻子，现在却又碰上了。"

于是又悄悄地离开了。后来，又见到一座宫殿，其中有位珠光宝气的贵妇人，又很像他的妻子，又来迷惑他，与她一起又住了十年。后又心明自觉，道："我的祸根太深了，老是逃都逃不脱。"于是自己发大誓："我再也不寄宿了。"

于是又逃，远远看见有很大的一间屋子，菩萨躲开，从草地里走。守门人问："是什么人夜里行走？"答道："我想到前村去。"那人道："前面禁止通行。"说着就从屋内叫出一位妇人，一看还是自己的妻子。那妇人道："你一次又一次地离开，但我发誓要做你的妻子，你能走到哪里去呢？"菩萨心中念道：难道欲根真的这么难以拔除吗？

于是立即产生"四非常"之念道：我要以无常、苦、空、无我之禅定来消灭三界所有的污秽，但为什么你这里的污垢却总除不了呢？兴此四念之后，鬼妻立即就不见了，菩萨心中一片光明，马上就见到诸佛都站在自己面前，为他解说空、不愿、无想之禅定，授菩萨沙门戒，从此菩萨成为无人能胜的世尊。菩萨就是如此具有广大智慧行明施度无极。

儒童授决的故事

原典

昔者菩萨，生钵摩国，时为梵志，名曰儒童。自师学问，仰观天文，图谶①众书，闻见即贯，守真崇孝，国儒②嘉焉。师曰:"尔道备艺足,何不游志教化始萌乎?"对曰:"宿贫乏货,无以报润,故不敢退也。母病尤困,无以医疗,乞行佣赁,以供药直。"师曰:"大善。"稽首而退。

周旋近国。睹梵志五百人,会讲堂施高座③。华女一人银钱五百,升坐高座。众儒共难,睹博道渊者,女钱贡之。菩萨临观,睹其智薄,难即辞穷,谓众儒曰:"吾亦梵志之子,可预议乎?"佥然曰:"可。"即升高座,众儒难浅而答道弘,问狭而释义广。诸儒曰:"道高明遐者可师焉。"佥降稽首,菩萨辞退,诸儒俱曰:"斯虽高智,然异国之士,不应纳吾国之女也,益以钱赠焉。"菩萨答曰:"道高者厥德渊。吾欲无欲④之道,厥欲珍矣。以道传神,以德授圣,神圣相传,影化不朽,可谓良嗣者乎?汝欲填道之原,伐德之根,可谓无后者乎?"说毕即退。众儒恧然而有耻焉。女曰:"彼高士者即吾之君子矣。"褰衣⑤徒步寻厥迹,涉诸国,力疲足疮,顿息道侧。

到钵摩国,王号制胜,行国严界,睹女疲息,问:"尔何人?为道侧乎?"女具陈其所由。王喜其志,甚悼之焉。王命女曰:"寻吾还宫,以尔为女。"女曰:"异姓之食可徒食乎?愿有守职,即从大王。"王曰:"尔采名华供吾饰也。"女即敬诺,从王归宫,日采名华,以供王用。

儒童还国,睹路人扰扰平填墟扫地秽,问行人曰:"黎庶欣欣将有庆乎?"答曰:"锭光如来无所着正真道最正觉道法御天人师将来教化,故众为欣欣也。"儒童心喜,寂而入定,心净无垢,睹佛将来。道逢前女采华挟瓶,从请华焉,得华五枝。王后庶人皆身治道,菩萨请地少分,躬自治之。民曰:"有余小溪,而水湍疾,土石不立。"菩萨曰:"吾以禅力下彼小星填之可乎?"又念曰:供养之仪以四大力,苦躬为善。

即置星辇石,以身力填之。禅力住焉,余微淹壅,而佛至矣。解身鹿皮衣着其湿地,以五华散佛上,华岁空中,若手布种根着地生也。佛告之曰:"后九十一劫,尔当为佛,号曰能仁如来无所着正真道最正觉道法御天人师。其世颠倒,父子为仇,王政伤民,犹雨众刃。民虽避之,难免其患矣。尔当于彼拯济众生,时获度者难为筹算。"

儒童心喜,踊在虚空,去地七仞⑥,自空来下,以发布地,令佛踏之。世尊跨毕,告诸比丘:"无踏斯土。所以然者,受决之处,厥尊无上。有智之士,峙⑦刹于兹,与受决同。"诸天佥然,齐声而云:"吾当作刹。"时有长者子,名曰贤乾,以微柴插其地曰:"吾刹已立矣。"诸天顾相谓曰:"凡庶竖子,而有上圣之智乎?"

即辇众宝，于上立刹，稽首白言："愿我得佛教化若今。今所立刹，其福云何？"世尊曰："儒童作佛之时，尔当受决矣。"

佛告鹜鹭子："儒童者我身是，卖华女者今瞿夷是，长者子者今座中非罗余是。"非罗余即稽首佛足，佛授其决，后当为佛，号曰快见。佛说经竟，诸四辈弟子、天人、龙鬼，靡不欢喜，稽首而去。菩萨普智度无极行明施如是。

注释

①图谶：方士、巫师所用的隐语或所说的预言叫"谶"。谶附有图，故称"图谶"。

②国儒：一国之内著名的读书人、学者。

③高座：一段较高的座位，有的是为导师而设，有的是为说法者而设。

④无欲：无贪欲，无多欲。

⑤褰衣：提起衣服。

⑥仞：长度单位。古以七尺或八尺为一仞。

⑦峙：耸立。引申为立，建立、建造。

译文

　　从前菩萨生在钵摩国,身为梵志,名叫儒童。从师学习种种学问,能仰观天文、各种图谶,所有书籍只要听过、见过,马上就能融会贯通。他又守贞孝顺,所以深得国内大儒的赞赏。他的老师问道:"您已经道德完备,才华横溢,为什么不游历四方教化那些尚蒙昧无知的人呢?"菩萨答道:"一直很贫穷,没有什么可用来报答先生恩德,所以不敢离开。现在母亲病得很重,无钱医治,所以请允许我外出找个地方被人雇用,挣点钱回来给母亲买药治病。"老师称道:"那真是太好了。"于是稽首告退。

　　接着就周旋于邻近的国家,替人帮工做活。有一次见有五百位梵志在一讲堂聚会,讲堂中设有高座,有一位看上去很华贵的女人,拿了五百银钱,升上高座。大家可以相互发难提问,如果有博学道渊者,此女就将钱供给他,并嫁给他。菩萨身临其场,见那些人智慧都很浅薄,稍微一难就词穷理屈,于是就问他们:"我也是梵志之子,也可参加讨论吗?"众人答:"可以。"于是菩萨登上高座,众人所发之难非常浅薄,但菩萨的回答的道理却极为宏深;大家的问题很狭窄,但菩萨的释义却很宽广。众位梵志道:"此人道术高深,智慧宽广,可以做我们的老师。"于是众人一起来稽首礼拜,菩萨则要辞别告退。众梵志又道:"此人虽智慧极高,但却是外国人,不该纳娶我国的妇女,多给他一点钱吧!"菩萨答道:"道行高的人其德操也渊深。我想得到的是无欲之道,那是极为珍贵的。将道行传给神仙,把德操授予圣人,神仙、圣人相传,影响教化永不磨灭,这可以说是很好的继承者吧!你们却想填塞道行的本源,砍伐德操的根本,这可是要绝后了吧!"说完就退下。众人都很惭愧,感到羞耻。那女子道:"那位高士就是我的夫君。"说完,提起衣襟,沿着菩萨的足迹徒步追寻,走了好几个国家,精疲力竭,脚上生疮起泡,停在路边休息。

到了钵摩国界。此国国王名号制胜,有一次来到国境边视察,见此女子疲劳不堪,正在休息,就问:"你是什么人?为什么在路边呢?"此女子就把事情的前后经过陈说了一遍。国王很欣赏她的志向,对她非常同情,于是命令此女子道:"你跟我回宫,给我做女儿。"此女子道:"不是同姓不是一家,那饭能白吃吗?希望能有点事干,我可效劳,我就跟大王回宫。"国王道:"那你就每天摘采名花供我打扮吧!"女子服从,随国王一起回宫,每天采那些名贵的鲜花供国王使用。

菩萨回国,见路人都在匆匆忙忙地填补道路,清扫路面，就问行人道："百姓们如此欢欣，难道是有什么喜事吗？"答道："无所着正真道最正觉道法师御天人师锭光如来将要来此教化，所以大家喜气洋洋。"菩萨心中很高兴，于是默默入定，内心清净无丝毫尘垢，如此就知道佛真的要来。正好路上又碰见前面那女子采花挟了花瓶回来，于是恳请她能施舍一些，她给了他五朵。王后及百姓都在忙着修整道路，于是菩萨也就恳请能分一部分给他，他也可参加。有个人说："还剩下一条小溪，水流很急，土块与石头下去就被冲走了。"菩萨道："我用禅定之力招天上的小星下来填此河行吗？"又念道：供养的仪则要用身体之力，身受苦劳是最好的。

　　于是用定力招来陨石，又把它们拉到河边，用自己的全力填河。等到他停住禅力，沟已填平，稍稍还有点水浸湿沟面。而这时，佛也就到了。菩萨脱下身上的鹿皮衣铺在潮湿的地面上，把五朵鲜花朝佛散去，花儿排列在空中，就像用手种在地上一样。佛告菩萨："九十一劫以后，你将成佛，号为：能仁如来无所着正真道最正觉道法御大人师。那个时候，世事颠倒，六亲不认，父子为仇。国王治国，伤害百姓，就像天上落下无数利刀。百姓虽然四处躲避，但仍难免其患。你应该在那时拯救众生，当时得救获度者将不计其数。"

菩萨听后心中大喜，跳在虚空之中，离地有七仞，然后又从空中下来，把自己的头发铺在地上，让佛可以踏着走过。世尊经过以后，告诉诸比丘道："不要践踏这块土地。之所以如此，是因为这里是授决之处，是最为尊贵之地。有智慧者，在这里建寺立塔的话，就能有与授决相同的功用。"诸天神一起齐声道："我们将建塔。"当时一位大富长者的儿子，名叫贤乾，拿了一根很小的木柴插在地上道："我的塔已立起来了。"诸天神相互看了一眼说道："凡俗小子也想得到高尚的圣人的智慧吗？"于是他们当即运来了很多珍宝，在此之上建塔。然后稽首礼佛道："但愿我们能成佛，能像今天这样教化。现在我们所建的塔，能获得什么样的果报呢？"世尊道："儒童成佛之时，你们将授决。"

佛告诉鹜鹭子："儒童就是我，卖花之女子就是现在的瞿夷，那长者之子就是现在座中的非罗余。"于是非罗余当即稽首佛足，佛为他授决，以后应当成佛，名号为快见。佛说完了此经，四辈众弟子们、天人、龙鬼无不欢天喜地，稽首而告退。菩萨就是如此具有广大智慧行明施度无极。

阿离念弥的故事

原典

闻如是：一时佛在舍卫国优梨聚中。时诸比丘，中饭之后坐于讲堂，私共讲议：人命至短，身安无几，当就后世。天人众物，无生不死。愚暗之人，悭①贪不施，不奉经道，谓善无福，恶无重殃，恣心快志，恶无不至，违于佛教。后悔何益？佛以天耳，遥闻诸比丘讲议非常无上之谈。世尊即起，至比丘所，就座而坐。曰："属②者何议？"长跪对曰："属饭之后，共议人命，恍惚不久当就后世。"对如上说。世尊叹曰："善哉！善哉！甚快！当尔弃家学道，志当清洁，唯善可念耳。比丘坐起，当念二事：一当说经，二当禅息。欲闻经不？"对曰："唯然，愿乐闻之。"

世尊即曰："昔有国王名曰拘猎。其国有树，树名须波桓树，围五百六十里，下根四被八百四十里，高四千里，其枝四布二千里。树有五面：一面王及宫人共食之，二面百官食之，三面众民食之，四面沙门道人食之，五面鸟兽食之。其树果大如二斗瓶，味甘如蜜。无守护者，亦不相侵。时人皆寿八万四千岁，都有九种病：寒、热、饥、渴、大小便利、爱欲、食多、年老、体羸。有斯九病，女人年五百岁乃行出嫁。

"时有长者名阿离念弥，财贿无数。念弥自惟：寿命甚促，无生不死。宝非己有，数致灾患，不如布施以济贫乏。世荣虽乐，无久存者，不如弃家，捐秽浊，执清洁，被袈裟，作沙门。即诣贤众，受沙门戒③。凡人见念弥作沙门，数千余人闻其圣化，皆觉无常，有盛即衰，无存不亡，唯道可贵。皆作沙门，随其教化。

"念弥为诸弟子说：'经曰：人命至短，恍惚无常，当弃此身，就于后世。无生不死，焉得久长？是故当绝悭贪之心，布施贫乏；敛情摄④欲，无犯诸恶。人之处世，命流甚迅。人命譬若朝草上露，须臾即落，人命如此，焉得久长？人命譬若天雨堕水，泡起即灭，命之流疾有甚于泡。人命譬若雷电，恍惚须臾即灭，命之流疾有甚雷电。人命譬若以杖捶水，杖去水合，命之流疾有甚于此。人命譬若炽火上炒少膏着中，须臾焦尽，命之流去疾于少膏。人命譬若织机经缕⑤，稍就减尽，夫命日夜耗损若兹，忧多苦重，焉得久长？人命譬若牵牛市屠，牛一迁步，一近死地，人得一日犹牛一步，命之流去又促于此。人命譬若水从山下，昼夜进疾，无须臾止，人命过去有疾于此，昼夜趣死，进疾无住。人处世间，甚勤苦，多忧念。人命难得，以斯之故，当奉正道，守行经戒，无得毁伤，布施穷乏。人生于世无不死者。'念弥教诸弟子如斯。

"又曰:'吾弃贪淫、嗔恚、愚痴、歌舞伎乐、睡眠⑥、邪僻之心,就清净心,远离爱欲,捐诸恶行,内洗心垢,灭诸外念,睹善不喜,逢恶不忧,苦乐无二,清净其行,一心不动,得第四禅。吾以慈心教化人物,令知善道,升生天上。悲怜伤愍,恐其堕恶。吾见四禅及诸空定⑦,靡不照达,其心欢喜,以其所见教化万物,令见深法。禅定佛事,若有得者,亦助之喜。养护万物,如自护身。行此四事,其心正等⑧,眼所受见粗好诸色,其耳所闻叹音骂声,香薰臭秽,美味苦辛,细滑粗恶⑨,可意之愿,违心之恼,好不欣豫,恶不怨恚,守斯六行⑩,以致无上正真之道。若曹亦当行斯六行,以获应真⑪之道。'

"念弥者三界众圣之尊师也,智慧妙达,无窈不明矣。其诸弟子虽未即得应真道者,要其寿终皆生天上。心寂志寞,尚禅定者,皆生梵天,次生化应声天,次生不憍乐天,次生兜术天,次生炎天,次生忉利天,次生第一天上,次生世间王侯之家。⑫行高得其高,行下得其下,贫富贵贱,延寿夭逝,皆由宿命。奉念弥戒,无唐苦者。念弥者是我身,诸沙门力行精进,可脱于生老病死忧恼之苦,得应真灭度大道。不能悉行可得不还、频来、沟港之道也。

"明者深惟，人命无常，恍惚不久，才寿百岁，或得或不得。百岁之中凡更三百时，春、夏、冬月各更其百也。更千二百月，春、夏、冬节各更四百月。更三万六千日，春更万二千日，夏暑、冬寒各万二千日。百岁之中一日再饭，凡更七万二千饭。春、夏、冬日各更二万四千饭也。并除其为婴儿乳哺未能饭时，傥慷[13]不饭，或疾病，或嗔恚，或禅，或斋，或贫困乏食之时，皆在七万二千饭中。百岁之中夜卧除五十岁，为婴儿时除十岁，病时除十岁，营忧家事及余事除二十岁，人寿百岁才得十岁乐耳。"

佛告诸比丘："吾已说人寿、说年、说月、说日、饭食、寿命。吾所当为诸比丘说者，皆已说之。吾志所求，皆已成也。汝诸比丘志愿所求，亦当卒之。当于山泽，若于宗庙，讲经念道，无得懈惰。决心之士，后无不悔矣。"佛说经已，诸比丘无不欢喜，为佛作礼而去。

注释

①悭：吝啬。

②属：刚才。

③沙门戒：在此即应为"五戒"。

④摄：收敛。

⑤经缕：经线。

⑥**睡眠**：为"不定地法""四不定"之一。指心思处于昏迷而不清醒的状态，难于自主，不省事理。

⑦**空定**：观察空相的禅定。

⑧**正等**：无邪曰正，无偏为等。

⑨**细滑粗恶**：细滑指身体皮肤的细嫩润滑，粗恶则相反。

⑩**六行**：指"六根"——眼、耳、鼻、舌、身、意所具有的能取相应之六境，生长相应之六识的六种功能。

⑪**应真**：即"阿罗汉"的旧译。意为应受人天供养的真人。

⑫**化应声天、不憍乐天、兜术天、炎天、忉利天、第一天**都是种种天名。所谓天，一般在佛经中往往包含有两层意思：（一）佛教所说世间（迷界）中最高最优越之有情，亦称"天人""天众""天部"；（二）指这些有情生存的环境。《大毗婆沙论》卷一百七十二："问：何故彼趣名天？答：于诸趣中彼趣最胜、最乐、最善、最妙、最高，故名天趣。有说：先造作增长上身、语、意妙行（指作善的身、口、意三行），往彼生彼，令彼生相续，故名天趣。""能照（指天界光明）故名天，以现胜果，照了先时所修因故；复次戏乐故名天，以恒游戏受胜乐故。"

⑬**傥傥**：或许，恐怕。

译文

曾经这样听佛说过：有一次佛在舍卫国的优梨聚之中。当时各位比丘中饭以后坐在讲堂内，私下里一起议论：生命极其短暂，人身安稳不了几天就该命终谢世。天人畜生等有情之物，无生不死。愚昧无智之人，吝啬贪婪，不行布施，不读佛经，不奉佛道，认为行善得不到什么好处，行恶也不会有很严重的后果，所以任性纵欲，毫无节制，无恶不作，违背佛教。后悔又有什么用呢？佛陀以其天耳，远远地就听到了众位比丘有关"无常无上"话题的议论。于是世尊立即起座，来到众比丘所在之处，就座而坐，问道："刚才在议论什么呢？"众比丘长跪而答道："刚才在饭后一起议论人的生命极为短暂，恍惚之间马上就要离开人世。"又把以上大家的议论对佛说了一遍。世尊赞叹道："真是太好了！大快人心！当你们弃家学道之时，就该立志清静净洁，只能一心念善。成为比丘，应当念两件事：（一）当讲说佛经；（二）该禅息入定。你们想听经不？"众比丘道："当然，很高兴能听佛讲经。"

世尊于是道："从前有个国王名叫拘猎。他的国内有棵树，树名为须波桓。此树粗有五百六十里，下根向周围伸展有八百四十里，高四千里，树枝四布有二千里。此树共有五面：第一面的果子供国王及宫人享用，第二面的果子供百官享用，第三面的果子供众百姓食用，第四面的果子供沙门道人食用，第五面的果子供鸟兽吃。那树结的果子有可盛两斗食物的瓶子那么大，味道甜美如蜜。树无人看守，也无人相互侵犯。当时人的寿命都有八万四千岁，都生有九种病：寒、热、饥、渴、大小便、爱欲、多食、年老、体弱。有这九种病，所以女人五百岁才出嫁。

"当时有位大富长者名叫阿离念弥，有家财万贯。念弥自己想到：人的寿命太短促了，没有只生不死的。财宝非为己有，反会招来说不清的灾难，不如广行布施可以救济穷人。世俗的荣华虽可使人快乐，但却不可能长存不变，不如丢开家庭，抛弃浊秽，坚守清洁，身披袈裟，成为沙门。于是就去拜诣众位佛门弟子，受沙门戒。众人见念弥成了沙门，几千人听他神圣的教化，都觉得世事无常，有盛即有衰，无存而不亡，只有佛道最为可贵。于是这些人都做了沙门，随念弥教化。

"念弥为众弟子说经道：'人的生命极其短暂，恍惚无常，应当抛弃此身，以修后世。有生就有死，怎能有长久永存的？所以应当断绝吝啬贪婪之心，布施穷人；收敛约束情欲，不去犯种种罪恶。人处在世间，时间很快。人命就像草上的朝露，一下子就掉落了，人命既是这样，又怎么能够久长呢？人命犹如天下雨而有的水泡，随起即灭，生命之流逝比这水泡还快。人命譬如雷电，恍惚刹那之间就消失不见了，而生命之流速甚至比雷电还快。人命又如用木杖打水，木杖一丢开，水面波纹马上合拢，生命之流速比这还快。人命譬如在旺火上烧的锅，锅里有少量的油，一下子就油干成焦，生命之流逝，其速甚于这点油。人命譬如织布机上的经线，稍稍一用就被用光，生命也像这样被日损夜耗，忧愁众多，苦难深重，怎么可能久长呢？人命譬如牵着牛上屠宰场，牛迈出一步，就离死近一步，人活一天就像牛所迈的一步，生命之流逝又比这还快。人命譬如水从高山上湍急而下，昼夜不断，无一刻休止，生命之流逝更比此还快，日日夜夜都在朝着死疾步前进，无一刻休止。人活在世上，非常辛劳、痛苦，有太多的忧情悲虑。人命不易获得，因此之故，应当奉行正道，遵守执行经戒，不违经叛道，布施穷人。人生在世没有谁不死的。'念弥就是这样教化众弟子。

"他又说：'我抛弃了贪淫、嗔恚、愚痴、歌舞伎乐、睡眠、邪僻之心，代之以清净之心，远离了爱欲，舍弃了种种恶行，内心洗除了尘垢，断灭了来自外部的种种杂念，见了好的东西不喜，碰上坏的行为也不忧，痛苦与欢乐并没有两样，行为清净，一心不动，这样就获得了第四禅。我用慈心来教化人及畜生，让他们知晓善道，命终得升生天上。我可怜、同情他们，怕他们最后得堕恶道。我见四禅及种种空定，没有什么照不到的，心中非常欢喜，将我所见到的来教化所有众生，使他们能见到深奥的佛法。有其他获得禅定佛事的人，也一齐为他高兴。养育、保护众生犹如护佑自身。做了这四件事后，其心无偏无邪，眼睛所见的各种各样色彩，耳朵所听到的叹气声、谩骂声，花草之香，污秽之臭，甜酸苦辣，细滑粗恶，称心如意的心愿，违背心愿的烦恼，见好的不洋洋得意，碰上坏的也不埋怨愤恨，坚守此六行，就可到达无上正真之道。你们也应当坚守此六行，从而获得阿罗汉道果。'

"念弥是三界众位圣者的尊师，智慧深妙广博，无所不知，无所不晓。他的众位弟子们虽然没有能马上获得罗汉道果，但一旦他们命终都将升生天上。心性静寂，立志寂寞崇尚禅定的人都会生梵天，其次的生化应声天，其次的生不憍乐天，其次的生兜术天，其次的生炎天，其次的生忉利天，其次的生第一天上，其次的生人世间的王侯之家。道行高者所得果报自然也高，道行低者所得果报自然也就差，贫富贵贱，长寿短命，全是宿命。奉行念弥之戒，是不会白白痛苦的。念弥就是我身，众沙门全力奉行精进，可脱去生老病死烦恼的痛苦，获得阿罗汉灭度的大道。不能全力奉行的，可获不还、频来、沟港之道果。

"有智者自思：人生无常，恍惚尚不觉，就已一百岁了，有的人能活到百岁，有的人还根本不可能。一百年中总共要有三百个时节，春、夏、冬各有一百。一百年共有一千二百个月，春、夏、冬季节各有四百个月。一百年共三万六千天，那么春季有一万二千天，夏季、冬季又各有一万二千天。一百岁之中，一日吃两顿，共得吃七万二千顿。春、夏、冬三季各是二万四千顿。再一并除掉他在婴儿乳哺不能吃食的时候，恐怕还有能不吃的时候，有时生病，有时生气，有时坐禅，有时行斋，甚至还有贫困根本没有东西可吃的时候，这些都在七万二千顿饭之中。一百年中晚上睡觉之时有五十年，剩下的五十年，有十年为婴儿之时，有十年是卧病之时，还有二十年要为了家事及其他杂事而操劳烦心，所以实际人在一百年中真正能有一点欢乐的时间不过就只有十年。"

佛告诉众位比丘："我已讲了人的寿命，说了年、月、日，吃饭顿数，寿命长短。我该为众比丘说的都已说了。我立志所求的也都已获得。你们众比丘志愿所求的也应当下决心完成。应当在高山大川，或在宗庙祠堂，讲经念道，不能懈怠懒惰。有决心的人，是不会后悔的。"佛陀说完此经，众比丘无不欢喜，向佛施礼而离开。

摩调王的故事

原典

闻如是。一时众祐在无夷国，坐丁树下，颜华炜炜①，有逾紫金，欣然而笑，口光五色，当时见者靡不踊豫，咸共叹曰："真所谓天中天者也。"阿难整服稽首而曰："众祐之笑，必欲济度众生之冥也。"众祐曰："善哉，实如尔云。吾不虚笑，即兴法也。尔欲知笑意不乎？"阿难对曰："饥渴圣典，诚无饱足也。"

众祐曰："昔有圣王，名曰摩调，时为飞行皇帝，典②四天下，心正行平，民无窃怨，慈悲喜护，意如帝释。时民之寿八万岁也。帝有七宝：紫金转轮、飞行白象、绀色神马、明月神珠、玉女圣妻、主宝圣臣、典兵圣臣。帝有千子，端正仁靖，明于往古，预知未然，有识之类靡不敬慕。帝欲游观东、西、南、北，意适存念，金轮处前，随意所之。七宝皆然，飞导圣王，天龙善神靡不防卫，散众宝华，称寿无量。帝敕近臣主巾栉者：'尔其见吾头发生白即当以闻。夫发白色毁死之明

证。吾欲捐秽世流俗之役，就清净淡泊之行。'

"近臣如命，后见发白，即以上闻。帝心欣然，召太子曰：'吾头生白，白者无常③之证信矣，不宜散念于无益之世。今立尔为帝，典四天下，臣民系命于尔，尔其愍之，法若吾行，可免恶道。发白弃国必作沙门，立子之教四等、五戒、十善为先。'明教适毕，即捐国土，于此庐地树下，除须发，着法服，作沙门。群臣黎庶哀慕擗踊，悲哭感结。

"摩调法王子孙相继千八十四世，圣皇正法④末后欲亏，摩调圣王复舍天上以魂神下，从末世⑤王生，亦为飞行皇帝，号名南。正法更兴，明敕宫中皇后贵人，令奉八戒月六斋⑥。一当慈恻，爱活众生；二慎无盗，富者济贫；三当执贞，清净守真；四当守信，言以佛教；五当尽孝，酒无历口；六者无卧高床绣帐；七者晡冥食⑦无历口；八者香华脂泽，慎无近身，淫歌邪乐，毋以秽行。心毋念之，口毋言矣，身毋行焉。敕诸圣臣：'导行英士，下逮黎民；人无尊卑；令奉六斋，玩读八戒，带之着身，日三讽诵；孝顺父母，敬奉耆年，尊戴息心；令诣受经，鳏寡幼弱乞儿给救，疾病医药衣食相济，苦乏无者令诣宫门求所不足；有不顺化者重徭役之，以其一家处于贤者，五家之间令五化一家，先顺者赏；辅臣以贤，不以贵族。'

"自王明法施行之后，四天下民，慈和相向，杀心灭矣。应得常让，夜不闭门，贞洁清净，非妻不欲，一不言二，出教仁恻，睹不常诚，辞不华绮，见彼吉利，心喜言助，大道化行，凶毒消灭，信佛、信法、信沙门，言无复疑结。南王慈润，泽无不至。八方上下靡不叹德。

"天帝及四天王、日月星辰、海龙地祇、日共讲议：'世间人王，四等慈惠，恩之所至，过于诸天。'天帝释告诸天曰：'宁欲见南王不乎？'诸天曰：'积年之愿，实如明教。'帝释即如伸臂之顷，至南王慈惠殿上。见南王曰：'圣王盛德，诸天饥渴思欲相见，无日不愿。圣王岂欲见忉利天？其上自然，无愿不有。'南王曰：'善。思欲游戏。'

"帝释还彼，呼御者名曰摩娄：'以吾所乘千马宝车迎南王来。'御者承命，以天车迎南王。车至止于阙下，群臣黎庶靡不愕然，斯圣王瑞叹未曾有。更相宣称，率土咸欢：'我王普慈，润逮众生，月六斋八戒自修，又以教民。斯德重矣，故令天帝敬爱来迎也。'

"南王升车，车马俱飞，徐徐徘徊，欲民具见。王告御者：'且将吾观恶人二道地狱、饿鬼烧煮拷掠，受其宿罪之处。'御者如命，毕乃上天。帝释欢喜下床出迎曰：'劳心经纬，忧济众生，四等六度菩萨弘业。诸天思欲相见。'帝释自前,把臂共坐。南王容体,更变香洁,颜光端正与释无异。即作名乐,其音无量,散宝华香,非世所睹。帝释重曰:'慎无恋慕世间故居,天上众欢,圣王之有也。'南王志在教化愚冥,灭众邪心,令知三尊。答帝释曰:'如借人物会当还主。今斯天座非吾常居,暂还世间,教吾子孙,以佛明法正心治国,令孝顺相承戒具行高,放舍人身,上生天上,与释相乐。'"

佛告阿难:"南王者吾身是也,子孙相传千八十四世,立子为王,父行作沙门。"阿难欢喜,稽首而曰:"众祐慈愍众生,恩润乃尔,功德不朽,今果得佛,为三界中尊,诸天仙圣靡不宗敬。"诸比丘欢喜作礼而去。

注释

①**炜炜**:光明貌。

②**典**:主管。

③**无常**:人生的空虚不常,一切事物皆为生灭转变,而非常住永恒。在此引申有"死"义。

④**正法**:"三时"中之一。三时指释迦牟尼逝世之后,佛法日益衰微的三个时期。"正法时"指佛法正常传播的时期,其时"教"(说教)、"行"(修行)、"证"(证悟)三方面正确无误。"像法时"指佛法传播

时已不甚正确，这一时期只有"教""行"，而无"证"。"末法时"为佛教传播最衰微的时期，只有"教"，而无"行""证"，佛法濒临灭亡。传说"正法时""像法时""末法时"分别为五百年、一千年、一万年，也还有说分别为一千年、一千年、一万年的。

⑤**末世**：应即为"末法时"。

⑥**八戒月六斋**："八戒"指为在家的男女教徒制定的八条戒条：（一）不杀生；（二）不偷盗；（三）不淫欲；（四）不妄语；（五）不饮酒；（六）不眠坐高广华丽之床；（七）不装饰打扮及观听歌舞；（八）不食非时食（正午过后不吃饭）。此八戒与本文所提大致相同，只是（七）、（八）内容互换。"六斋"则指每月的八日、十四日、十五日、二十三日、二十九日、三十日这六天是斋日。据说这六天是四大天王探察人是善还是恶的日子。这六天也是恶鬼等候人的日子，所以人们在此六日中事事都要小心谨慎，在家信徒则过正午就绝一切食物。"六斋日"本仅指六日中"不食非时食"，据说这是从初传下来的圣法，但佛出世以后，又在此六日受持八戒，所以就实为每月六日奉行八戒的斋日。

⑦**晡冥食**：晚饭。在此实应指正午以后的任何食物，盖晚饭为其代表罢。

译文

曾这样听佛说过：有一次世尊在无夷国，坐在树下，颜面如花，闪闪发光，比紫金还亮。世尊欣然而笑，口发五色光，当时见到的人，无不欢欣踊跃，齐声叹道："真是天中之天啊！"阿难整理好衣服，稽首而道："世尊之所以笑，一定是要济度众生的蒙昧无知吧！"佛道："是啊，的确像你所说的那样。我不会平白无故地笑，我就要说法。你想知道我的笑意吗？"阿难答道："我对神圣的佛典的渴望实在是永远不会满足的。"

世尊道："从前有位圣明的国王，名叫摩调，当时是转轮圣王，统御四方天下。摩调王内心正直，行为公平，所以百姓私下没有怨恨。摩调王具有大慈大悲之心，很乐意护佑众生，其意就像天帝释。当时的人民，寿命有八万岁。摩调王有七样宝贝：紫金转轮、飞行白象、绀色神马、明月神珠、玉女圣妻、主宝圣臣、典兵圣臣。国王还有一千位王子，个个容貌端正，心仁性静，能洞晓往古，预知未来，所有的众生没有不敬慕的。皇帝想去游览参观东、西、南、北四方，刚有此念头，紫金转轮就已在前，随皇帝之意，想到哪里就到哪里。七宝都是这样，在前飞行，为皇帝导路，天龙等善神个个都充当防卫,向转轮圣王散各种名贵的鲜花,祝圣王万寿无疆。皇帝命令近臣中主管梳洗的人道:'你如果见到我头上有生出白头发就该告诉我。头发变白就意味着离死亡不远。我要抛弃这污世流俗的劳役,走上那清净淡泊之路。'

"近臣遵命,后见皇帝头发变白,就告诉了皇帝。皇帝欣然无忧,把太子召来,嘱咐道:'我头上开始长白发。发白是死的确证,我不应继续流连这无益的秽世。现在立你为皇帝,主管四天下,众臣百姓的性命都掌握在你手中,你要怜悯、同情他们,像我这样行法,可以免除将来堕于恶道。我头发变白抛弃国家一定要做沙门,所以我为你立教,你一定要首先尊奉四等、五戒、十善。'明确交代完毕,摩调王就离开国土,在此庐地树下,剃除须发,穿上袈裟,成了沙门。群臣百姓个个又哀痛又敬慕,捶胸顿足,痛哭哽噎。

"摩调法王子孙相传有一千零八十世。后圣皇正法转微末之时期,摩调圣王又放弃了已生天上的福报,灵魂又神降人世,随末世王生,也仍是飞行皇帝,名号为南。后正法更迭重兴,皇帝明确命令宫中的皇后贵人,要她们奉行在每月的六斋日受持八戒。其一应当慈悲同情爱护众生;其二应当谨慎不偷,有钱财就周济穷人;其三应当坚持贞节,清净守真;其四应当坚守信用,所说全是佛教；其五应当尽孝，口不沾酒；其六应当不眠坐高广华丽之床；其七不吃晚餐；其八香花脂泽等，千万不能近身，不听淫秽的歌曲、邪恶的音乐，不装饰、不打扮。内心不去想，嘴上不去说，自身不去做。又命令众位贤明的大臣：'上引导有才有智者，下引导黎民百姓；人人平等，不分尊卑；让大家奉行六斋，熟读八戒，并行之以身，每天讽诵三次；孝顺父母，敬奉长者，息心尊敬爱戴；对鳏寡幼弱乞儿给予救助，对患疾病者施以医药，对缺衣少食者给以救济，让生活贫困的人去皇帝前乞求所缺少的一切；有不顺教化的人，施之以重徭役，将此一家置于贤者中，使五家人家教化这一家，先随顺教化的有赏；以贤明辅佐大臣，不以贵族压人。'

"自从南王的明法施行之后，四天下的人民，相互间慈祥和蔼，凶性杀性全都断灭，即使是应得之物，也总相互推让，夜里不用关门上锁，人人贞洁清净，不是妻子不随便行欲，说一不二，出门教化仁慈悲悯，总是以诚实的眼光来看待一切，言谈朴实，不浮华绮丽，见到别人有好事，替他高兴，为他庆祝。大道行化于世，凶毒全都消灭无余，崇信三宝，不再有任何疑难。南王慈德润泽遍及天下，八方上下无不赞叹其德行。

"天帝及四大天王、日月星辰、龙王地神有一天在一起议论道：'世间的人王，其四等之心，慈悲恩惠，超过诸位天神。'天帝释问诸天道：'你们是不是想见南王？'诸天答道：'这是多年的愿望，正如您所说的那样。'于是帝释只用了一伸胳膊的工夫就到了南王的慈惠殿上。见到了南王，道：'圣王仁德宏盛，诸天日夜都渴望能与圣王相见。圣王难道不想见忉利天？一齐到天上自然之处，没有不能实现的愿望。'南王道：'好。我是想去游戏观光。'

"于是帝释返回，命令名叫摩娄的御者：'用我所乘的千马宝车去迎接南王来。'御夫遵命，用天帝的宝车去迎南王。车马停在南王宫殿下，群臣百姓没有不吃惊的，这圣王的瑞相好像从没有过啊！于是相互传颂，普天之下一片欢腾：'我们大王慈心普弘，恩泽润及所有众生，每月六斋日行八戒，不仅亲身精进修行，还用以教化人民。这德行重大啊！所以能得到天帝的敬慕、爱戴，来迎接上天。'

"南王坐上宝车，车马一起飞升上天，在空中慢慢徘徊，为了能使百姓全都看清。国王对御者道：'你带我去看看恶人的二道地狱、饿鬼烧煮拷打，遭受他们宿罪报应的地方。'御者遵命，参观完后就上天。帝释非常高兴地下床出迎道：'上上下下有劳操心费神，怜悯济度众生，弘扬四等六度菩萨大业。诸天盼着相见。'

帝释上前，挽起南王手臂，一起就座。南王的容体变得更香、更洁，容貌端正，闪闪发光，与天帝没有两样。于是奏起了悦耳的音乐，声音洪亮，空中散各种名贵香花，非世上人所能见。帝释重又说道：'千万不要留恋、爱慕世间故居，天上的这种种欢乐，本为圣王所有。'但南王却志在教化人世间愚昧无知的众生，灭绝所有的邪恶，使他们知道三尊。于是南王回答天帝释道：'就像借人的东西最后该物归原主一样。现在此天座还不是我常坐的地方，我想返回人世间一段时间，教育我的子孙，要他们用佛的明法正心来治理国家，使他们代代孝顺、戒具行高，然后我就会放弃人身，上生天上，与帝释同乐。'"

佛告诉阿难："南王就是我，子孙相传一千零八十四代，立子为王，自己修行做沙门。"阿难非常高兴，稽首而道："世尊慈悯众生，恩德润泽乃至于此，功德永垂不朽，现在果然成佛，成为三界中之最尊，众天神仙圣无不崇敬。"众位比丘高高兴兴地施礼而告退。

梵摩皇的故事

原典

闻如是：一时佛在舍卫国祇树给孤独园。佛告诸比丘:"汝等修德,奉行众善,必获景福。譬如农夫宿有良田,耕犁调熟,雨润和适。下种以时,应节而生。芸除草秽,又无灾害,何惧不获?

"昔我前世未为佛时,心弘普爱,愍济众生,犹若慈母育其赤子。如斯七年,仁功勋著,寿终,魂灵上为梵皇,号曰梵摩。处彼天位,更历天地七成七败,当欲败时,吾辄上升第十五约净天。其后更始,复还梵天,清净无欲,在所自然。后下为忉利天帝,三十六返,七宝宫阙,饮食被服,音乐自然。

"后复还世间作飞行皇帝,七宝导从:一者紫金转轮,二者明月神珠,三者飞行白象,四者绀马朱鬣,五者玉女妻,六者典宝臣,七者圣补臣。王有千子,皆端正皎洁,仁慈勇武,一人当千。王尔时以五教治政,不枉人民:一者慈仁不杀,恩及群生;二者清让不盗,捐己济众;三者贞洁不淫,不犯诸欲;四者诚信不欺,言无华饰;五者奉孝不醉,行无沾污。当此之时,牢狱个设,鞭杖不加,风雨调适,五谷丰熟,灾害不起,其世太平。四天下民,相率以道,信善得福,恶有重殃,死皆升天,无入三恶道者。"

佛告诸比丘:"昔我前世行四等心,七年之功上为梵皇,下为帝释,复还世间作飞行皇帝,典四天下数千百世,功积德满,诸恶寂灭,众善普会,处世为佛,独言只步三界特尊。"诸比丘闻经欢喜为佛作礼而去。菩萨普智度无极行明施如是。

译文

　　曾经这样听说过：有一次，佛在舍卫国祇树给孤独园中。佛告诉众位比丘："你们修身习德，奉行各种善行，一定会获得大福报。譬如农夫原就有良田，经过精心耕犁整治，已为熟土，再加风调雨顺，播种及时，所以能顺应季节而生长。农夫拔草除秽，又无天灾人祸，难道还怕没有好的收成？

　　"我前世还没成佛之时，怀有普爱之心，同情怜悯众生，就像慈母养育婴儿。就这样经过七年，仁德、功勋显著，寿终以后，灵魂升天，成为梵皇，名号为梵摩。我身处天神之中，经历了天地七成七败，当要毁败之时，我就上升到第十五约净天。天地周而复始，我又回到梵天之位，清净无欲，一切都自自然然。后又下为忉利天帝，又三十六次返回梵天，有七宝宫殿，饮食、被服、音乐等，无不自然。

　　"后来又来世间做转轮圣王，有七宝导引随从：一紫金转轮，二明月神珠，三飞行白象，四绀马朱鬣，五玉女妻，六典宝臣，七圣补臣。转轮圣王有一千位王子,一个个都颜貌端正,明亮洁白,且又仁慈勇武,一人能挡千人。转轮王当时以五教治国治民,不辜负百姓的期望:一仁慈不杀生,恩泽润及众生;二清白不偷盗,舍己济助众生;三贞洁不邪淫,不犯种种欲念;四诚信不妄语,言语朴实无华;五奉孝不饮酒,行为没有污秽。这个时候,国家不设牢狱,没有刑具,风调雨顺,五谷丰收,无灾无害,盛世太平。普天下的人民,个个都遵守道化,相信行善能得福报,行恶会有重殃,所以死后全都升天,没有堕入三恶道中的。"

佛告诉众位比丘:"从前我前世行四等心,有七年之功而上生为梵皇,后又下为帝释,后又回到人间做转轮圣王,统治四方天下有数千百世,功德圆满,诸恶消除,众善普会,在世间成佛,独步三界之中,至高无上。"众位比丘听完经后,欢欢喜喜向佛施礼而离开。菩萨就是如此具有广大智慧行明施度无极。

源流

从十二部经谈起

《六度集经》属佛本生经类,要说其源流,就得先了解一下佛经的体例。我们就从"十二部经"谈起吧。

"十二部经",也称"十二分教",指佛经体例上的十二种类别,即①修多罗(Sūtra),可译成"契经",属于长篇叙说体;②祇夜(Geya),可译成"重颂""应颂",属长篇颂文体,与修多罗相应,重在宣讲教义;③和伽罗那(Vyākaraṇa),可译成"授记",佛为菩萨所作预言成佛的经文;④伽陀(Gāthā),可译成"讽颂",采用偈的文体组成的经文;⑤优陀那(Udāna),可译成"无问自说",无人发问,佛自宣说的经文;⑥尼陀那(Nidāna),可译成"因缘",指佛说法教化因缘的故事,例如诸经的序品;⑦阿波陀那(Avadāna),可译成"譬喻",指经文中的譬喻部分；⑧伊帝目多伽（Itivṛttaka），可译成"本事"，指佛说弟子过去世因缘的经文；⑨阇陀伽（Jātaka），可译成"本生"，属佛说自己过去世因缘的经文；⑩毗佛略（Vaipulya），可译成"方广"，佛宣讲方正广大的道理的经文；⑪阿浮陀达磨（Adbhutadharma），可译成"未曾有"，记佛显现种种神通的经文；⑫优波提舍（Upadeśa），可译成"论议"，以问答形式讲解佛法的经文。

在"十二部经"中，修多罗（契经）、祇夜（颂）、伽陀（偈）是佛经的基本体裁，而其余的则是根据经文的内容所立之名。

关于本生经

在"十二部经"中，最具有文学价值，从而有较宽广的读者面，能较长时间流传的是：尼陀那——因缘，阿波陀那——譬喻，伊帝目多伽——本事，阇陀伽——本生。

而在此"四部经"中，又以"阇陀伽"为最，无论是从其宗教意义上，还是从其文学价值上，我们都可以这么说。

本生经叙述佛在以往历世轮回中所行道德功业的

故事。《佛说梵网经》卷下说到佛陀曾"来此世界八千返",也就是说,佛陀在我们人类所住的现实世界——娑婆世界已不知经历过多少次轮回了。根据这样的观念,阇陀伽,这种专门描写佛陀前世功德故事的本生经便出现了。据《大般涅槃经》卷十五:"何等名为阇陀伽经?如佛世尊本为菩萨修诸苦行,所谓:'比丘当知,我于过去作鹿、作罴、作獐、作兔、作粟散王、转轮圣王、龙、金翅鸟。'诸如是等行菩萨道时所可受身,是名阇陀伽。"所以,所谓"本生",是佛陀前生为菩萨时的故事的辑录。我们的佛祖释迦牟尼在转生为释迦族的太子之前,生生世世,作为菩萨,或作为仙人、国王、大臣、长者、理家、梵志、凡人等,或作为龙、象、猴、鹿、孔雀、天鹅、鱼、龟等鸟兽动物,积累了种种善行功德,把它们收集汇编,就成了佛经中的重要内容之一——佛本生故事。

  佛本生故事自然随着佛教的传布而在东南亚、中亚、蒙古、中国、朝鲜、日本流传着。现在在南传巴利文佛典里,还保存着完整的本生经,共有五百四十七个故事。这部经在我国南齐之时可能翻译过,但后来佚失了。所以,北传的汉译佛典中的本生故事主要散见于三国吴·康僧会译的《六度集经》(计有八十一则故事)、西晋·竺法护译的《生经》(计有三十一则)、宋·绍德等译的《菩萨本生鬘论》（计有七则）、失译的《大方便佛报恩经》（计有八则）、《菩萨本行经》（计有二十四则）。另外在《贤愚经》《撰集百缘经》《杂宝藏经》等一些大部经典中也有编入。①还有不少单经异译，如失译的《长寿王经》《菩萨睒子经》、三国吴·支谦译的《佛说九色鹿经》、西晋·竺法护译的《佛说鹿母经》、西秦·圣坚译的《太子须大拏经》等等。而在梁代僧旻、宝唱编撰的《经律异相》、唐代道世编撰的《法苑珠林》等书中也多有引用和采录。

汉译佛典中本生经的代表——《六度集经》

因为南传巴利语的《佛本生故事》之汉译本今已不传，所以，长期以来，汉译佛典中的佛本生经，就可以用《六度集经》作为代表，这不仅仅是因为它所包含的有关本生的内容比较多，也因为它完全能体现出本生经所具有的思想价值和艺术价值，并有其特殊的意义。

菩萨行的代表

现有的汉译本生经所表现的思想内容主要是大乘佛教的大慈大悲、自我牺牲和自利利他的观念，所宣传的也就是如我们前面所分析到的寓自我解脱于救苦救难、普度众生中的践行——菩萨行。而《六度集经》则又是围绕菩萨行的根本内容——六波罗蜜，将这些本生的故事组织到了"六度"这一大乘佛教所公认的修习体系中，这样，其思想内容就更加鲜明，现实意义就更加明确，是直接为早期大乘佛教弘扬菩萨（实际即从事传教活动以拯救他人的比丘）和菩萨行服务的。

释儒结合的代表

如果说宣传"菩萨行"是为大多数的本生经所共有的宗旨，那《六度集经》所能体现的另一方面，则应该说是《六度集经》真正的特色，即体现了释儒结合的思想。

我们已经知道，《六度集经》并不是原典的直接对译。它是在菩萨六度的基础上立下六章，然后从许多经典中摘撷其精粹，并引用抄经等而构成。正因为是辑录，所以就与其编译者康僧会的思想有了很大的关系。而康僧会则被认为是能"以《易经》《诗经》《老子》等来融合佛说"的"中国佛教史上第一位兼有佛、儒、道思想的译师"[2]，这一点主要是在他的编译代表作《六度集经》中体现出来的，而其中最重要的就是"仁道"。

"仁道"，是孔门"亚圣"孟子对孔子"仁学"思想的进一步发挥。所谓"仁道",就是国安民富,君主不利己残民,民无饥寒,四境安宁。康僧会是"仁道"说的积极拥护者和宣传者,他所编译的《六度集经》,其中心就在于用佛教的"菩萨行"发挥儒家的"仁道"说,宣扬佛教"为天牧民,当以仁道"的最高原则。他从佛教的"悲愍众生"思想出发,将"仁"看作是"三界上宝",要求"王治以仁,化民以恕",甚至"宁殒躯命,不去仁道"。而《长寿王本生》中的长寿王及长生太子可谓坚守"仁道"的典型。长寿是"怀仁不杀"的国王。不仅如此,当"贪而不仁"的"邻国小王"要来夺他的王位时,为了能避免战争,保全"彼兵吾民"的生命,他与太子一起弃国舍位,隐姓埋名,进入深山。而为了能帮助那位闻他的仁名而来投靠的"远国梵志",他又让梵志砍下自己的头,去贪王那里领赏,实现了"必欲殒命,以济下劣者"的誓言。就在他快要被活活烧死之时,因见太子假扮成樵夫,满腔怨愤地"当父前立",为了阻止太子向贪王报仇的行为,临终之前,又为太子留下了"尽仁之诫"。真正可谓是"仁至义尽"。而太子长生本一心想为父报仇,所以他装成种菜的,先被大臣家雇用,最后终于由此而到了国王身边,成为近臣。在一次出猎过程中,国王与众人失散,只与长生在一起。又累又饿中,他解下剑交给长生,并枕着长生的大腿睡着了。长生所谋求的报仇的机会终于来到了。此时要一剑刺死那贪王,本是非常容易的事。但三次拔剑,三次都想起父亲临终留下的"仁诫",所以三次放下了剑,最后终于饶了贪王的命,并自陈于贪王,让他杀掉自己,以除后患。这父子二人的"仁道"终于感动了那贪王,贪王意识到自己"豺狼残生"的本性,从而主动把国家还给长生太子,回到本土,并与长生的国家"为伯仲,祸福当之"。康僧会通过这样的一些故事,宣传释迦牟尼为菩萨时,"累劫仁惠,拯济众生,功不徒朽,今果得佛,号天中天,为三界雄",这样就将"仁道"说融进了"菩萨行"中。康僧会把儒家的社会政治理想当作佛教的最高原则,并把佛教出世主义用来为推行儒家治世安民之道服务,鲜明地体现了佛教调和的色彩,为中国佛教的发展,开辟了另一蹊径。

另外,我们还想简单提一下《六度集经》中关于孝道的观念。

中国传统的伦理道德观念最重要的内容便是"孝"。佛教从印度东渐,传进中国,为了要适应中国的传统文化,以使能在华夏大地深深植根,将"孝道"融进佛教理论,是很重要的。中国佛教曾通过有关学者翻译佛教经典,撰写文章和专论,以及注疏《盂兰盆经》,举行"盂兰盆会",乃至唐代开始的"俗讲"等,来大力宣扬

源流

孝道，从而使孝道成为中国佛教伦理道德的重心。但这些应该说是在康僧会之后的事，即使较早的可称作"孝经"的《盂兰盆经》，其译者竺法护为西晋时僧人，也还稍晚于康僧会。所以，康僧会可以说是最早强调、宣传"孝"的重要性的外国僧人，这在《六度集经》中也是很突出的。

例如，刚才提到的长生太子之所以能遵守其父长寿王留下的"仁诫"而赦那贪王之命，一个很重要的方面，是"孝心"起的作用，甚至连那贪王都感慨"子存亲全行，可谓孝乎！"而这种孝行的重要性在《睒道士本生》得到了淋漓尽致的表现。整篇都是围绕"至孝之子"——睒的"至孝之行"而展开，非常感人。其结果，睒的至孝感动了天帝释、四大天王、地祇、海龙等神，天帝释用"天神药"使睒起死回生，睒成为孝行的楷模。而睒就是佛的前身，"吾世世奉诸佛至孝之行，德高福盛，遂成天中天，三界独步"。这就将"孝"融进了"菩萨行"中，对以后佛教重视、尊崇"孝道"是有一定影响的。

古印度民间文学的代表

本生故事大多都是在古印度民间文学的基础上，经过改造、加工而产生的。

古印度的民间文学是相当丰富的，这从古印度的两部史诗《摩诃婆罗多》《罗摩衍那》中就可以得到证实。古印度人用他们独特的无所顾忌、无所阻挡的驰骋幻想的能力，创造出了许许多多生动的神话、寓言、童话，从而在世界文学史上占有重要的地位。

本生经就是佛教的信仰者们从这丰富的古印度民间文学中取来有用的材料，以佛教教义为核心，融入到佛陀前生行事上去，从而创作出来的。而这一特色，《六度集经》完全可以作代表。就拿我们所选的几则堪称"长篇"的《须大拏太子本生》、《顶生王本生》及《睒道士本生》来说，据历史学家的考查，均来自古代印度民间传说。而《六度集经》中的《国王本生》（本书选在"忍辱度无极"最后）和元魏·吉迦夜共昙曜译的《杂宝藏经》里的《十奢王缘》，故事情节结合起来就是《罗摩衍那》的提要。至于我们所选的那些短小生动的，佛生前作为动物出现的故事，则更显然是源自民间文学这丰饶的土壤。所以，虽然《摩诃婆罗多》《罗摩衍那》没有汉译本流传下来，但却可以从浩瀚的汉译佛典中找到它们的一些残片或投影。此中，能够比较集中体现这一点的自然又是汉译本生经。可作为本生经代表的《六度集经》则更可称其为缩影。

一般说来，本生经的形成约在公元前三世纪，先有了偈颂，然后再进行补充，从而发展为一个个完整的故事。本生经都有固定的结构，如前我们所提到的，一部分是佛陀现世的情况，另一部分是佛过去世时作为菩萨，修"菩萨行"时的故事，这是本生经的主体。一般最后都有个比较短的联结语，指明过去世与现在世的关联，点出所要阐述的主题思想。本生经一般也都有较固定的人物。虽然过去世里的佛陀是以各种各样的形象出现的，从人到动物，但其主体人物实际就是两类，即行善者与作恶者。行善者的主人公大部分就是佛陀，还有一些"配角"，则就是佛弟子以及释迦牟尼家族中人，如父亲净饭王、母亲摩耶夫人、妻子瞿波等。而反面角色则往往是那个调达，他本是佛陀的堂兄弟，因心不善，与佛陀结下怨结，成为教团的叛逆者，所以被表现为十足的恶者，一会儿是狮，一会儿是鳖，一会儿是蛊狐，受尽种种罪殃报应。另一位经常出现的配角是他的妻子，有时还有一些难以考证的人物。

本生经的故事大都相当曲折、生动、富于戏剧性。如《兄（猕猴）本生》的篇幅并不长，它先叙述一对兄弟到国外做生意，把珠宝卖给国王。国王见到那弟弟长得很漂亮，就将女儿许配给他；后国王见当哥哥的更是仪表堂堂，一表人才，又将已许配给弟弟的女儿转许给当哥哥的。哥哥认为这是乱伦的行为，所以拉着弟弟走了。没想到，他却因此与那位没有嫁出去的公主结下了仇。生死轮回，为兄的成了猴，为弟的与那公主真成了夫妻，是一对鳖。鳖妻因有病而想吃猕猴的肝，于是雄鳖就去找，它说了一通谎话将猴骗到了背上，驮着它过河。到了河中又忍不住得意将真情告诉了猴子。于是猴子也骗它说肝挂在树上，于是又返回，猴子上岸得救，那愚蠢的鳖受到了嘲弄。在这个故事里，兄（猕猴）就是佛陀的前身；弟与王女（一对鳖夫妇）就是调达夫妇。故事虽短小，但却已是从人到动物，又到现在世的佛陀与调达，已是几番轮回，不知经过多少年，这是何等的浪漫主义！而其中所表现的伦理道德，却又充满了现实的意义。故事中的形象刻画很成功，那国王的无知、王女的淫乱、雄鳖的蠢笨、猕猴的机敏，均栩栩如生。整个故事的语言，无论是叙述，还是对话，都很生动而又形象。

以上我们提到的本生经的一些特色，这些完全可以从《六度集经》得到体现。

最早汉译本生经的代表

前面我们已经提到汉译本生经的大概。在这里我们还要说的是《六度集经》又是作为最早的汉译本生经的代表出现的,可以说起了"导夫先路"的作用。《六度集经》所选入的一些优秀长篇,后曾又有不少被作为单经译出,如《长寿王本生》,后有失译人名,附西晋录的《长寿王经》;《墓魄太子本生》,有在康僧会前的后汉·安世高译出《太子墓魄经》一卷,还有在其后的西晋·竺法护译出《太子墓魄经》一卷;《须大拏太子本生》,则有西秦·圣坚译出《太子须大拏经》一卷;《睒道士本生》则有失译人名附西晋录的《佛说菩萨睒子经》以及西秦·圣坚译出的《佛说睒子经》一卷;《修凡鹿王本生》,则有稍早于康僧会的三国吴·支谦译出的《佛说九色鹿经》一卷;而《鹿王本生》,西晋·竺法护译的《佛说鹿母经》各一卷,内容相似;至于《顶生王本生》,则更有宋·施护等译的《佛说顶生王因缘经》六卷,洋洋洒洒,极尽铺陈之事,成为单篇本生经的"巨作"。如此等等,想说明的是,《六度集经》所选入的这些长篇,大多为优秀之作,或在康僧会前已有人译出,大多则是在其后又被单篇译出。不仅如此,《六度集经》中的所选的一些佳作,也多次在其他汉译佛典中出现,如我们提到的《睒道士本生》,不用说西秦沙门圣坚一连将它译了三次[③],后来它又曾出现在苻秦·僧伽跋澄等译的《僧伽罗刹所集经》卷上、元魏·吉迦夜共昙曜译的《杂宝藏经》卷一《王子以肉济父母缘》中。这个故事因为表达了"孝"道,所以很受中国人的欢迎,也正因如此,才多次出现。那么,最早将这个动人的故事传进中国的,大概是康僧会的《六度集经》吧!其他如《修凡鹿王本生》,除了另有单经异译外,那只"睹世希有"的九色鹿,还在唐·义净译的《根本说一切有部毗奈耶破僧事》等经典中出现。其故事所表现的,除宗教意义外,其道德训谕意义直到今天,即使对非宗教信仰者也有很大的教益。而那个《兄(猕猴)本生》的故事,又稍稍有所变易,出现在西晋·竺法护所译的《生经》中……这样的例子我们就不再赘举了。在其他本生经中,乃至一些其他体例的汉译佛典中,《六度集经》中的一些故事还不时出现,只是根据内容的需要,会有所变化。如《镜面王经》("明度无极章",本书未选),就一再被编入不同经典,玄奘"糅译"《成唯识论》时也使用了。

　　最后还要提及的是,以《六度集经》为代表的佛本生经以及其他"譬喻""因缘""本事"等体例的汉译佛典,如《百喻经》《贤愚经》《杂宝藏经》等,是汉语文献中所能见的印度民间文学的府库。中国的僧人曾从这些佛经中选录故事,编入类书,例如梁代僧旻·宝唱编的《经律异相》,就基本上是直接抄录原文类编而成。

该书按照出世间的三乘圣者（佛、菩萨、声闻缘觉）和在世间的五趣众生（天、人、鬼、畜生、地狱）的划分，撮抄经律故实，以类相属，分天、地、佛、诸释、菩萨、僧、诸国王、居士、贾客、庶人、鬼神、畜生、地狱等二十二部。旨在显示佛教境界的广大、行果的殊妙，从而以引起人们对佛教的崇信。该书所引用的经律典籍相当广泛，据统计，属于已佚失而赖以传存的经籍就约有一百四十多种，更何况现尚存的经典呢？就在这"书海"的辑录中，我们能时时见到《六度集经》中的内容，如卷八《羼提和山居遇于国王之所割截四》就是《羼提和梵志本生》；《幼年为鬼所迷二十》就是《凡人本生》；卷十《释迦为萨波达王割肉贸鹰三》就是《萨波达王本生》；卷十一《为大理家身济鳖及蛇狐四》就是《理家本生》；《昔为龙身劝伴行忍七》就是《龙本生》；《为大鱼身以济饥渴十五》就是《贫人本生》等，我们在此不再赘引。即使有些后面的出处是他经，但较早可能还是出自《六度集经》，如卷十《能仁为帝释身度先友人》，就应是《帝释本生》的异译；卷十一《为雀王身拔虎口骨十四》是《雀王本生》的异译；《为鹿王身代怀妊者受死九》是《鹿王本生》的异译等等。从此中也能体会出《六度集经》的价值。

《六度集经》与《法苑珠林》的六度篇

《法苑珠林》是唐代僧人道世所编撰的又一部大型佛教类书,共一百卷。此书将佛教称实,分类编排,共百篇。篇下分部,部又分小部,总计六百四十多条目。每篇开始多以简短的骈文总述大意;再以类相从,广采博集经、律、论原典故实,夹叙夹议;篇末或部末多附《感应录》征引感应事迹,以明所说不妄。《法苑珠林》是在《经律异相》的基础上编纂而成的,但它却摒弃了前书"圣凡差别""三界五趣"的分类法,以佛教的基础知识及日常生活规范为重点。该书也与《经律异相》一样,广引博征,所据典籍约四百余种,有重要的史料价值。

我们在此要重点提及此书的是:它除了与《经律异相》相似,作为类书,选录了不少佛经本生故事外,还专门设有《六度篇》,共六卷,根据"六度"的内容,分"布施部""持戒部""忍辱部""精进部""禅定部""智慧部",这样,就与《六度集经》有密不可分的关系。《六度集经》已如前所述,这里简单介绍一下《六度篇》的特色。

(1)博引众经,内容丰富。这是由《法苑珠林》的编纂原则而决定的。因它是采取博引经、律、论原典的形式，所以从内容上看，要比《六度集经》丰富得多。可以说，是将众经与"六度"有关的故事的精彩大汇集。如《布施部》中的《法施部第五》，文字并不多，但却引了《智度论》《未曾有因缘经》《大丈夫论》《月灯三昧经》《菩萨地持论》《优婆塞戒经》《贤愚经》等经典中有关"法施"的论述，可见其内容之丰富。

（2）分部细密，助于理解。这是由《法苑珠林》的编辑体例而决定的。它篇下分部，部下又分小部，所以就能将"六度"在各部中分得更为细致。如我们在解说《六度集经》"布施"时，曾将"布施"分成"财施""法施""无畏施"，这样明确的分界，在《布施度无极章》中并没有提出，只是我们根据后来的其他经典，对其内容的一种解释。在《六度篇》中，这种分部细密，助于理解的特色就体现出来了。如在《布施部》中，又分有《述意部》《悭伪部》《局施部》《通施部》《法施部》《施度量境部》《观田部》《相对部》《财施部》《随喜部》《施福部》。从这些分部中，我们就可以看出人们对布施的领会，而这对于后学来说，无疑也是很能帮助其理解的。

（3）"述意"骈文，总述大意。《法苑珠林》每篇的各部下都有简短的骈文，总述此部的大意。我们仅就《六度篇》来看，这一部分内容是很重要的，它不仅高度概括了佛典中关于"六度"的基本要义,而且还将中国传统文化中的有关内容也精练引入,再加词句整齐,声韵和谐,真让人觉得这完全是中国的东西,而没有一点外来感。我们截引二小段,读者自可体会。

夫布施之业,乃是众行之源。既标六度之初,又题四摄之首。所以,给孤独食,散黄金而不吝,须达挐王,施白象而无惜。尚能济其厄难,忘己形躯。故萨埵投身,以救饥羸之命;尸毗割股,以代鹰鹞之餐,岂况国城妻子,何足经怀?宝货仓储,宁容在意?俗书尚云:解衣推食摩顶至踵,车马衣裘朋友共弊,莫不轻财重义,爱贤好士。且自财物无常,何关人事?苦心积聚,竟复何施?四怖交煎,五家争夺,何有智人而当宝玩?——节自《布施部第一》

在家懒怠失于俗利,出家懒惰丧于法宝。是以斯那勇猛,诸佛称扬;迦叶精奇,如来述赞。书云:夙兴夜寐,竭力致身,乃曰忠臣,方称孝子。故知放逸懒怠之所不尚,精进劬劳无时不可。——节自《精进部第四》

(4)"感应"之缘,以证不妄。《法苑珠林》的篇末或部末多设有"感应缘",广引故事传说,以明所说不妄。《六度篇》中除了《布施部》与《忍辱部》以外,其他都有此项,其故事大都引自《梁高僧传》《唐高僧传》《冥祥记》《侯君素集》等。这自然也是依《法苑珠林》的体例而定。但是，当它用中国僧人修习六度之行的故事及中国民间传说来证明"六度"的教义时，大乘"六度"的中国化就已经是非常形象地体现出来了。

《六度集经》是早期西域僧人翻译的佛经，属本生经类。《六度篇》属唐代中国和尚编纂的《法苑珠林》中的一个部分，是类书性质。从此中，我们可以看出大乘佛教"菩萨行"的根本内容"六度"与中国传统文化相融汇而得以发展所体现出的基本精神与特色。

注释：

①参考《佛教与中国文学》第十五页。孙昌武著，上海人民出版社，一九八八年版。又《佛典·志怪·物语》第十八页认为《生经》共六十二则故事，但本生故事为三十九则。附此。王晓平著，江西人民出版社，一九九〇年版。

②见《佛教文化辞典》第四十四页。任道斌主编，浙江古籍出版社，一九九一年版。

③《大正藏》第三册本缘部上，从四三六页到四四三页，收有关译附西晋录的《佛说菩萨睒子经》及圣坚所译《佛说睒子经》三篇。

解说

彼岸与此岸

"彼岸"是个"梵汉合璧"的词儿。"彼"是梵语 Pāra 的音译省称,本作"波罗"。因"彼""波"古音相近,人们很巧妙地采用了"彼",又缀以"岸",构成一个"难识庐山真面目"的佛家语,即使在今天的语言里,它也仍还具有着很强的生命力。

印度风俗,凡是办成功一件事,都说:"Pāramitā"(波罗蜜多),译成汉语就是"到彼岸"("蜜多"可意译为"到")。佛教沿用此语、此义,如《华严经·如来出现品》:"如来……于无量百千亿那由他劫炼治法药,已得成就;修学一切方便善巧、大明咒力,皆到彼岸。"又同经《离世间品》:"一切世间、出世间事亦悉通达，到于彼岸。"但是，佛教还赋予了这个词一个神圣的意义——涅槃成佛。《大智度论》卷十二："成办佛道，名到彼岸。……以生死为此岸，涅槃为彼岸。"佛家把生死的境界喻为此岸，业烦恼譬之中流，得到正果而涅槃叫作彼岸。《维摩诘经·佛国品》："稽首已到于彼岸。"东晋·僧肇注："彼岸，涅槃岸也。彼涅槃岂崖岸之有？以我异于彼，借我谓之耳。"佛家主张"无我"——人无我、法无我。而一般世俗的人迷昧无知，执于邪见，志于爱欲，对"我"执着不舍，佛家将此视为万恶之本，看作是一切谬误和烦恼的总根源。《俱舍论》卷二十九："由我执力，诸烦恼生，三有轮回，无容解脱。"而"生"与"死"可说是"我"所存在的总代表，所以把生死的境界叫"此岸"，而把破除了"我执"，熄灭了"生死"轮回而后获得的一种最高的理想境界叫作"彼岸"。用"彼""此"来表示这两种截然相反的境界，符合汉族人民的心理、语言习惯，而"彼岸"又是"pāramitā"（波罗蜜多）的本义的引申，贴切构词，实乃解颐妙语。

如何到彼岸？

每个信佛的修行者都盼着自己能从生命的"此岸"早一天到达涅槃的"彼岸"。而"具足自利利他大愿，求大菩提,利有情"(《佛地经论》)精神,怀有"慈悲喜舍""四等心"的菩萨则更高了一个层次,他把深入世间、解脱众生当作了自我完善、满足成佛条件的前提。菩萨们怀"大慈"——仁爱万物,持"大悲"——怜悯众生,立誓要使一切世人得到欢乐幸福,卫护他们的安宁,救度他们的厄难。只要在世界上,还有一个人尚未度脱生死,就要为他勤奋修持。这是一种多么崇高的境界!

　　修习菩萨行的菩萨们要运载无量众生从生死大河的此岸到达菩提涅槃的彼岸,成就佛果,那么,用什么办法,有什么途径呢?回答是:六波罗蜜多——六度。佛对观自在菩萨说过:"善男子,菩萨学事略有六种,所谓布施、持戒、忍辱、精进、静虑(禅定)、智慧到彼岸。"

　　一个立志修"菩萨行"的佛教徒,如果不能理解"六度"的精神,不了解"六度"的内容,进而不按"六波罗蜜多"去践行,那么想当菩萨无疑就是一句空话。

　　由此可见,"六波罗蜜多"是多么重要!

六波罗蜜多

　　六波罗蜜多——六度,是在以个人修习为中心的戒、定、慧——三学的基础上的扩充和发挥,具有了广泛的社会内容,即使用现代人的眼光来看,也仍是这样。

六度的具体内容是:

1. 布施度:布施主要体现了大乘佛教"大慈大悲"的精神。大乘佛教徒,大悲心切,见一切众生受苦,即如自身受苦一般,故尽力布施,使受苦人得乐。具体即指用自己的财力、体力和智力去济助贫困者和满足求索者,是为他人造福成智,也使自己积累功德以至求得解脱的一种修行方法。因而布施又有三种:①财施。用金钱或用物品帮助别人。②法施。众生迷惑,身心不得超脱,修行者则用自己所学的佛法,使众生也学佛道,从而觉悟。③无畏施。用温和的话语,安慰受苦者;或冒险救援受苦者出离危难;或使受苦受难者没有恐怖,心里平安。布施所"度"的是"悭贪",即修行者通过布施,可以治除悭吝、贪爱、烦恼。

这三种布施的精神,在我们所选的经典中都有所体现。如《贫人本生》和《仙叹理家本生》二篇,一主人公是穷人,一主人公是大富翁,外表虽看上去相距甚远,但本质却同。仙叹虽有"财富无数",但学佛以后,懂得了世事无常的道理,知道"荣命难保,财非己有,唯有布施,功德不朽",所以先对贫乏者尽施自己的财物。可是当时并没有什么穷人,他又改用将自己的钱财去买良药供给有病的患者,直至家财全部用尽。为了能继续布施,他又外出采宝。路上又碰到了闻他大名而来求医的患者,于是他又返回,先向国王借了钱买药,救活了这些垂危的病人。

后又再一次外出采宝,"所获弘多",但却因为同行商人们的贪心而遭祸害。然而仙叹仁德、宏施自有福报,在天神的帮助下,他安全回到国内。当国王以法判了那些商人的罪后,他又为之求情,从而使商人们被赦免。当商人们深受感化而还给了他财宝后,他先还了国王的债,然后又是大布施。而《贫人本生》中的贫人,虽然本身贫困交加,无钱财可施,但他明了"夫身假借之类,靡不弃捐"的道理,所以先是以身投海,以身代替海中的小鱼,被大鱼吞食,救了那些小鱼。后化为鳣鱼王后,又在枯旱时节,跃上岸边,用自己"数里之肉"而供黎民"旬月之乏"。鳣鱼王躺在岸边,忍受着被宰割的痛苦。为了使百姓不再饥馑,相互吞食,他支撑着自己的生命,以免"神逝身腐"。这一富一穷的两个人的故事,足可以说明菩萨"财施"的精神。

法施是要以佛陀的真理,劝人修善断恶,离苦得乐。我们所选的《理家本生》可以说明这一点。这位大富翁用百万的钱救了一只鳖的命,然后就有了一个非常动人的故事，人与兽之间，恶与善的刻画非常生动，但这只是铺垫，此经的重点在后面，即当国王以正法惩处了那个贪婪的"漂人"，救了菩萨以后，菩萨在王宫为国王讲说"四无常"，使国王明白了"非常、苦、空、非身"的道理，从而"即空诸藏，而布施贫乏"，"举国欣欣"，"四方叹德"。

无畏施是要牺牲自己的一切，冒险去帮助一切众生出离怖畏与痛苦。我们可以《萨波达王本生》为例。当帝释与其部下一化作鹰，一化作鸽去试探萨波达时，萨波达所表现出来的那种"大无畏"正是这种菩萨精神的最好写照。萨波达先是收下了那只假装可怜的鸽子，而当追捕它的老鹰坚持不放时，为了能救活鸽子，但又能使老鹰心甘情愿放弃这口中之食，萨波达就自割身上的肉，"令与鸽等"，以此交换。但那只鸽子却在暗中不断加重自己的分量，这样，萨波达割完了自己身上的肉，但还达不到鸽重，于是他命令身边大臣，赶紧将他杀死，将全身的骨头等都加上去，以使与鸽重等，从而救活那只鸽子。他表示："我敬奉诸佛，从受真正重戒，帮助众生脱离危难，虽有如此之多的邪灾横祸，但不过就像微风，怎能撼动大山？"读到这里，我们怎会不为菩萨的这种"大无畏"精神而感动？

在我们所选的经典中（即使在《六度集经》全经

中），这三种布施往往是很难截然分开的，它们相互间的关系非常密切。或倾家施财，或慈悲救生，或讲经说法，其目的只有一个，普度众生，而在此同时，自身也得以解脱。

大乘佛教非常重视布施，将其列为六度之首。而所谓"众生"，又不仅指人类，一切"有情识者"均为众生。所以，大乘佛教布施的对象也大大超出了人类的范围，扩及于飞禽走兽、虫豸鱼虾，正如"布施度无极"序言所指出的那样，这种布施"跨天逾地，润弘河海"，虽然我们只选了九个故事，但完全能从中体现出这一点。我们特意保留了序言中提到的太子须大拏的故事。西秦沙门圣坚也译有《太子须大拏经》。无疑这是在大乘佛教徒中流传较广的故事。《六度集经》所译，极为精练。这个动人的故事，使菩萨大慈大悲的精神、自我牺牲的道德，得到了最充分的体现。

布施是大乘佛教在传统的修持方法之外，所增加的内容，且又列于"六度"之首，这就突出地表现出其悲天悯人的慈悲观念，也反映出佛教与世俗社会的一种融合。

佛门"慈悲"之内涵自然与我们今天所说的慈悲不一样。但现代汉语中的"慈悲"却源于佛家语。那么，二千多年前佛门就提倡的菩萨的"慈悲"精神、"布施"行为，在我们今天的生活里的积极意义是什么呢？

我想，主要可从两方面体现出来。其一，使人的心灵更加善良。"大慈与一切众生乐，大悲拔一切众生苦"（《大智度论》卷二十七），无论是"与乐"，还是"拔苦"，对象都是他人，这是一种高尚的舍己为人的品德。而在"慈悲"精神主导下的"布施"行为，则自然就是这种品德的具体实现。这实际也是中华民族所提倡的。早在先秦的《礼记》中，就提出"老吾老以及人之老，幼吾幼以及人之幼"，而北宋的大文豪范仲淹在《岳阳楼记》中也提出了"先天下之忧而忧，后天下之乐而乐"的口号，那么，在今天的生活中，能事事多为别人考虑，处处多替他人着想，就更值得倡导。当别人有困难时，热心进行帮助；当他人有痛苦时，耐心为他排解；而当见到有人处于危境时，奋不顾身去救助。这样的心灵，是多么美好；这样的行为，又是多么崇高。从这个角度看，菩萨的"慈悲"精神与"布施"行为又无不充满了积极的"助人为乐"的现实的意义。

当我写到这里时，我禁不住想提一件就在最近发生在身边的事：名古屋大学工学院的一对中国留学生夫妇加上他们六岁的儿子因误食了从植物园采的有毒的蘑菇，母亲与孩子很快中剧毒而死，父亲则在医院里抢救了许多日子才好不容易保住了生命。亲人们越过太平洋，从中国来到异国他乡为死人送葬，照顾活人。为此，日本中部地区的中国留学生组织发起了募捐活动。昨天的《中日新闻》已登出，现已募集到了六百多万日元的款项，用于在医院的抢救、治疗，死者的殡葬、亲人的往返等。我的一个大学同学现正在名古屋大学文学部修博士课程，在学生会担任职务，他告诉我：这次捐献是很感人的。因中国留学生人数少，力量有限，所以大部分的捐助是来自日本人。虽然是没有任何关系的外国人，但是当他们遭到这飞来横祸之时，那无私的援助又还有什么国度的限制？

这样的事例在我们的生活中并不少见。现在，各个国家都各有种种不同的福利事业、慈善机构，虽名目不同，但有一点是共同的，都是为了"助人"，使他人受益。这不正和菩萨的"慈悲"精神、"布施"行为相通？

其次，消除悭贪之行。菩萨在一心布施的过程中，就相应对治了悭吝、贪爱、烦恼。因为修学菩萨行的佛弟子，既要以自己的财法施给别人，就必须是在不贪求分外财物的基础上才能做到。一个贪得无厌的人，怎么会无私地将自己的一切布施给他人呢？

《布施度无极章》中在菩萨"慈悲"布施的反面，也刻画了不少贪婪的小人的嘴脸，如我们所选到的《仙叹理家本生》中的众商人；《长寿王本生》中那个"执操暴虐，贪残为法"的"邻国小王"；以及《理家本生》

中那个忘恩负义的"漂人"等均属此类。他们有的被菩萨的无私的崇高精神所感化,去除贪心,改邪归正,从而也加入布施之列;有的则因罪大恶极,而受到了应有的惩罚报应。

现代社会自然也是好坏不齐。各处各地,上至官僚贪污受贿,下至盗贼偷盗抢劫,均是有悭吝贪爱之心的结果。而佛经中将"贪"作为"三毒""六根本烦恼"之首。《俱舍论》卷十六:"于他财物恶欲名贪。"而"悭"也实际就包括在"贪"中,"贪"者自然"悭吝"。故《大乘广五蕴论》:"谓于财等,生吝惜故,不能惠施,如是为悭。"而我们现实生活中由悭贪之心引起的丑陋的现象又何尝不是这样?所以当我们大力宣传菩萨"慈悲"精神,倡导舍己助人的"布施"行为时,必定将减少,乃至消除由悭贪之心所引起的一切恶劣现象。

2. 持戒度:修习"菩萨行"的佛弟子要严持各种戒律,使身业、口业(语业)、意业得以清净,心地清凉,不造就一切恶业;但是对于众生有益的,就勇往直前去做。持戒度的是"毁犯",即修行者通过执持种种戒律,从而得以防非止恶,利生行善。

戒,按其内容又可分为止持戒和作持戒两大类。所谓"止",是防止、止息的意思,即防非止恶的各种戒,有"五戒"、"八戒"、"十戒"和"具足戒"等。所谓"作",是修习善行的意思,即奉持一切善行的戒,如"二十犍度"("犍度"为聚的意思,这是关于僧团的修法仪式和僧众生活的礼仪制度规定)。两大类戒,止恶作善,相辅相成。佛门"三学",第一就是戒学;大乘"六度",第二就是持戒。可见,"持戒"在佛门中的重要性。

佛经中的种种"戒",都是相当系统、十分具体的,作为故事集的《六度集经》,自然不可能就此详述。它主要是通过菩萨持戒、守戒,以及那些恶人、恶兽犯戒、毁戒的故事,来说明执持戒律的重要性。如我们所选的《墓魄太子本生》,墓魄太子前世曾是位相当贤明的国王,但是他在外出时,因随从太多,大臣喝路开道,使"黎庶惶惧",从而入太山地狱,烧煮割裂,共六万多年,受尽熬煎。所以当他此生身为太子时,十三年"缩舌"无言,以致大家都以为他是哑巴,那些邪恶的大臣怂恿国王要将他活埋。墓魄太子生前所犯的过错,真可以说犹如"丝发","非人所忆",但却还受到了如此的惩罚,所以在他之后的人能不引以为戒吗?又如《顶生王本生》中的顶生王得到了东、西、南、北四方天下还不满足,又想能处天帝之位,故盼着天帝丧命。如此"恶念兴而神足灭",终于丧命。而临终之前,他以自己的亲身实例"戒后来嗣":"贪痴火烧身之本也,慎无贪矣。"而他的后代"诵其贪戒,传世为宝","尊其仁化,奉三尊,行十善,以为治法,遂致永福"。应该说,从我们所选的六则故事中,完全能得到"戒,守善之常也"这样的启示。

从广义上来看,善恶习惯都可称作"戒"。但是,无论是佛教信徒,还是一般人,通常都是将"戒"看作"禁制"的意思,即禁止身、口、意的行恶。为此而制定各种"善戒""净戒",让出家和在家的信徒将其作为各种戒规,所以实际上,防非止恶是被看作主要的。而在这防非止恶的种种戒中,最基本的就是"五戒"了,因这是在家男女教徒都须遵守的戒条,更何况出家比丘、比丘尼,更何况修习"菩萨行"的菩萨呢?"五戒"指的是:①不杀生;②不偷盗;③不邪淫;④不妄语;⑤不饮酒。《大乘义章》卷十二认为"前三防身,次一防口,后之一种通防身口,护前四故"。所以,佛典中虽然戒律名目繁多,主要还是戒杀戮、酒色、偷盗、奢侈、妄语等的,虽然清苦,并不属苛刻之列。

佛教的基本戒律作为佛教徒所必须遵守的行为规则,也适合于中国的国情。一直以来,作为人们伦理观念的根本的儒家"五常"——仁、义、礼、智、信,就被认为与佛家的"五戒"非但不相抵触,而且是异曲同工的。而"五戒"在现实生活中也有其更积极的意义和更广泛的社会作用。

现代生活的现实中，因人的素质参差不齐及各种各样的原因，种种坏事时有发生，从谋财害命、杀人放火，到偷盗抢劫、吸毒嫖赌等。我在名古屋做访问研究期间，为了学习语言的需要，规定自己每天看一小时的电视剧，最后的结果是，每天都能看到种种不同的警察破案的故事。虽然这只是编的故事，但它自然就是现实生活的反映。而新闻报导中，那些抢劫银行、贩卖麻药、强奸幼女、拐卖妇女的事件不断出现。针对这些，试想我们如果积极宣传菩萨"持戒"的意义，要求社会的每个成员严禁去做一切损害他人利益的不道德的行为，而大家真能如此各自严格要求自己的话，世界没有了罪恶和丑陋，那该是多么美好！即使用"戒酒"来说吧，"不饮酒"只是对信徒们的规定，可是当一个司机在一个盛大的"party"后还需开车时，他如能在一片酒香的宴会上持戒不饮的话，那又可少了多少交通事故？"酒后不开车"是对司机们的明文规定，现实生活中还有许多无法规定的东西，要靠我们每个人的自觉程度。从此意义看，"菩萨行"的执志持戒，严格的自我控制、自我净化是多么重要！

3.忍辱度：忠于信仰，安于苦难和耻辱。这是对信仰者和弘道者具有坚定的信仰的一种品格要求。大乘佛教宣扬忍受不可忍受的事，是"万福之源"。菩萨宁愿忍受"汤火之酷，菹醢之忠"，也绝不做有害于众生的事。忍辱度的是"嗔恚"，即指修行者通过修习"忍辱"，可对任何痛苦或造成痛苦的条件不怨恨。

忍辱的具体内容也有不少，但重点在两个方面，即安于苦难和耻辱。如我们所选的《国王本生》中的梵志，因不告而饮某国国人所种莲花池水，自觉有过而自首于国王面前。但国王没将此当作一回事，另外也因为国事繁多，从而命他暂坐花园内，然后全然忘却。整整六天六夜，梵志不吃不喝。到最后被国王想起来时，已是"厥体瘦疲，起而跄地"。而《雀王本生》中菩萨生前所为的雀王，怀有一颗慈母之心，"悲彼艰苦，情等亲离"。见有只老虎食兽，将骨头卡在牙齿里了，痛苦不堪，即将命终。雀王为之非常悲楚，于是飞进老虎的嘴里，用自己细小的嘴去啄那坚硬的兽骨。日复一日，到最后"雀口生疮，身为瘦疲"。等骨头啄出，老虎苏醒，才发觉自己救的是一个"不可化"的家伙。而《羼提和梵志本生》中的羼提和，实在可以说是能忍受苦难的典范。为了能救那只可怜的麋鹿，但自己又不说谎言，他只好低头不语。当国王问他是什么人时，他的回答是"忍辱人"。于是国王砍断了他的一条胳膊。在这样的情况下,他并没有为自己考虑,而是想着自己如果成佛,要先度这国王,以使他人不"效其为恶"。国王继续问他是什么人?他仍回答是"忍辱人",于是国王又截去了他的另一只手。就这样一问一截,他先后被砍掉双手、双脚,被割掉了耳朵,削去了鼻子,血流像泉水。天地为之震动,太阳为之无明。国王的残暴到了极点,菩萨的安忍也犹如大地。即使如此,当四大天王要严惩那国王时,当那个国家的百姓前来陈首悔过时,当其弟担心他会因如此巨大痛苦而产生"损德之心"时,菩萨先说明罪福因果的道理,又以"乳湩交流",手、足、耳、鼻复其故处之证验,来表示他的"普慈之信"。

《盘达龙王本生》中的盘达龙王则可以说是忍受屈辱的典范。他本可继承王位,但为了"舍世荣之秽,学高行之志",登上陆地,变作一条蛇,从而落入"厌龙者"之手,被他用毒药毁坏了所有的牙齿,又被打得"皮伤骨折",但尽管"其痛无量,亦无怨心"。不仅如此,那术士把它当成了摇钱树,将它关在一小筐子中,每到一处,就让它出来跳舞,以此获得了很多钱财,最后甚至到了盘达龙王外祖父的国度,让它当着母亲及龙兄龙弟们化作五头出舞……

大乘佛教所宣传的忍辱观,要求信仰者和弘道者在其信仰受到歧视或排斥，传教遇到阻力或打击时，往往需要忍受常人所难于承受的精神压力和肉体折磨，在这种情况下，它无疑是一种美德。佛家将"嗔恚"列为"三毒"之一，视为"根本烦恼"之一。而忍辱的修习，能消除"嗔恚"，所以这也是在"六度"中，大乘佛教所突出强调的内容。

忍辱在现代生活里也有其普遍意义。这是任何肩负重任的人所应具备的一种心理要素。就像二千多年前孟子所说的那样"天将降大任于斯人也，必先苦其心志，劳其筋骨，饿其体肤，空乏其身，行拂乱其所为"。"忍辱负重"作为汉语成语一直活跃在我们的语言中，则正说明了它的社会意义。如何坚定自己的目标？如何在逆境之中，特别是不被人理解，甚至在自己遭到严重伤害的时刻，仍能不恼不怨，更不加害于人？这无疑可从菩萨的忍辱行中得到许多启迪。

即使是一个平常人，即使是在我们的日常生活中，学会"忍辱"，不也很需要吗？试想人们都为了一点小事而怀恨在心，矛盾就会逐渐扩大，以至于冤冤相报，不可收拾。反之，如果遇到矛盾，能够大事化小，小事化了，互相谦让，从小的方面看，可以增进两个人之间的了解、友谊；从大的方面说，可以化干戈为玉帛，人类不就能够在一个和平、安静的环境中生存了吗？

在日常生活中，还会遇到被人冤枉、遭人怀疑的委屈，如果能忍让一下，耐心说明情况，解释缘由，常常可以避免无休止、不必要的纠葛，人与人之间可添加更多的理解和温暖。

"忍"这个字，说起来容易，做起来是很难的。能忍者，其德量必大；不能忍者，一定是心胸狭窄，骄贵气溢。中国有句俗语"宰相肚里能撑船"，就反映了中华民族一直以来对"忍"的观念。而完全中国化了的"大肚弥勒"像，其特征之一就是"大肚能容，容天下难容之事"，这实际就已是佛家"忍辱"被中国人理解、接受的形象化表现。

当然，对于经典中，把"忍辱"解释成必须无条件地忍受一切痛苦和屈辱的教义，我们应做区别分析。因为，确实在现实生活中，无原则地"忍辱"往往是行不通的，所以，不能将此作为一种道德行为的普遍准则来宣传。但是，学会理解，学会原谅，学会宽容，不伤害他人，又岂不是社会道德、个人品格完善的一个重要方面？

4. 精进度：指菩萨精励身心，精修一切大行，不屈不挠，"不替斯志呼吸之间"，以利乐一切有情。精进度的是"懈怠"，即修行者通过修习"精进"，能勤修一切善，勤断一切恶，从而向上努力，志坚不退。

"精进度无极"中最感人的是《独母本生》中的

"少寡守节"的寡妇的故事。她自归命三尊后,就一直处贫乐道,精进不倦。日日为老除馑燃灯供佛而施油膏,当听到佛告诉她,女人之身不能获佛、缘觉、梵、释、魔天、飞行皇帝等圣位时,为了能授决成佛,拯济"浊世众生",从高楼上跳下,自捐女人"秽体",这种舍身求佛道的表现,真可谓是"精进"精神的至高点了。对佛道的追求,能如此不畏"汤火之难",不惧"刃毒之害","投躬危命",那么,在平日的修习中,要做到"卧坐行步,喘息不替"又何在话下!

精进的提倡对修行者来说,无疑是十分重要的。因为,佛经中对"懈怠"的批评是异常严厉的。所谓"懈怠",指的是对于断恶修善的不尽力。《菩萨本行经》里说:"夫懈怠者,众行之累。居家懈怠者,则衣食不供,产业不举;出家懈怠,则不能出离生死之苦。"可见这是多么可怕!《菩萨处胎经》中有这么一个故事,在"西方去此阎浮提十二亿那由陀",有个国家,有很好的条件,"国土快乐,作倡伎乐,衣被服饰,香花庄严,七宝转围床……",这个国家的人本发意要往生阿弥陀佛教化的西方极乐世界,但是因贪恋其国土的快乐而产生了懈怠骄慢之心,所以最后"不能前进生阿弥陀佛国",所以,这个国家后被称作"懈慢国"。这种只顾眼前之乐,而不考虑长远的利益,无疑是懈怠者的典型。

佛教对"懈怠"的批评，对"精进"的提倡，体现了它鼓励修行者坚持信仰，百折不回，积极进取，勇往直前的意义。"精进"是成就"菩提"、修行"佛道"的必要条件。即使在现代生活中，也可以看出它所含有的普遍的积极意义。试想，做哪一件事，不要靠精勤努力就能成功？要实现一个宏大的理想，要付出多少艰巨的劳动？社会是这样，国家是这样，个人同样是这样。我们观看马拉松运动员比赛时最能体会这一点。路途之遥远，赛程之艰苦，但当运动员在克服了这一切后，冲向终点的红线时，那不正是精进精神在闪光？当然也会有人意志不坚，中途而退，那他永远都感觉不到到达目的地时的那一份喜悦。所以"精进"是我们所应具备的积极向上，锻炼意志的一种心理要素。

即使我们再退回宗教这一角度看：试想，要自度度人，要成就佛果，要达到这个神圣的境界，是多么地不容易！没有一点精神，不执着去追求，不努力去实施，一切岂不是空话！而佛对弟子们经常讲的自己前无数世精进修行的故事，正是对后辈修行者乃至一切人的鼓励。

5. 禅定度：即心虑集中，观想佛教义理，不作别想。菩萨因为要普救众生，所以精神必须有特别训练，才不会被世情所蒙蔽、社会所转移。当然，要磨炼成佛，更要静寂其心，以免心情散乱。

严格地说，"禅"与"定"本是有区别的。"禅"是梵文 Dhyāna（禅那）的音译省称，意译作"静虑""思维修"，原是古代印度宗教哲学中的一种特定的宗教实践，指的是安住一心，静心思考，使身心得到平和或体悟特定的义理的行为过程。而"定"则是古印度宗教哲学中又一个特定的宗教实践，是梵文 Samādhi（三摩地、三昧）的意译，指心注一境，精力集中不分散的一种精神状态。而佛经中，"定"还有一种广义的说法，即指"戒、定、慧"中的"定学"。定与禅的不同在于：禅的活动要有一个观想的对象，以特定的对象作为观想内容来作禅，就是禅观。而定则可能有观想对象，也可能没有。所以"禅"有思维的特点，"定"则有静心的特征。

但是，在古印度"禅"和"定"总是结合在一起使用的，通常即称为"禅定"而不加以分别。印度佛教也是这样。所以，尽管原典的小标题是《禅度无极》，但我们译作《禅定度无极》。

禅定是修行者修道的主要方法。凡是修持禅定的人，就能体会到禅定带来的喜悦与快乐，如同如来一样心地纯洁、清净，表明了通过禅定的思维修习活动而获得佛教所追求的精神境界。大乘佛教则进一步把禅定作为证悟般若理论的方法，认为要用佛教的智慧来指导禅定,禅观就成为获得最高智慧的途径。这样,就将禅定活动与普度众生的伟大事业紧密相连了。

6. 智慧度:原典作"明",这是"智慧"的又称。作为"六度"之一,指以"假有性空"的理论去观察认识一切现象的特殊观点和方法。智慧度的是"愚痴",即指修行者通过修习"智慧",可以通达诸法体性本空,能够断除烦恼证得真性。

智慧的音译是"般若"(Prajñā)(全称作"般若波罗蜜多"Prajñā-pāramitā)。佛教很重视通过智慧的修习而到达涅槃彼岸。"般若波罗蜜是诸佛母。诸佛以法为师,法者即是般若波罗蜜。"可见它的重要性。这是因为:大乘佛教认为,如果不用智慧去观照,修前五类只能获得"人天福报"而不能出离生死。只有用智慧去修习前五类,如布施时,不见能施之我、所施之人和施与之物,亦不期望果报,这才称得上"波罗蜜多",才具有"到彼岸"的作用。因此,智慧在"六波罗蜜多"中才会有如此的主导作用,才会被尊为"佛母"。

大乘"六度"的智慧是从"三学"中的"慧学"发展而来的。慧学指由修习佛理所引生的辨别现象、判定是非善恶以及达到解脱的认识能力和境界。"慧"的发生,主要依靠经文和师长的教导,通过修习禅定沉思而获得。慧学主要阐发的是佛教人生观和宇宙观,内容极为庞杂丰富，我们只能从略。我们要强调的是：作为"六度"之一的"智慧度"特别重视用缘起性空的理论去观察认识一切现象的实相，证悟万物性空的真理。

"缘起性空"是佛教的根本教义，而佛典中经常是以人生来做具体说明的。如我们所选的《阿离念弥长者本生》就是这样。世尊通过念弥的故事，说的就是"人命无常"的道理。经中有一长段的譬喻，非常形象，都是为了说明"人命至短""人生于世无不死者"的。而《凡人本生》中的那个普通人虽然也知人贪于色犹如"飞蛾扑火"的道理，但只是消极地躲避，所以总是"奔而不免"，摆脱不了"鬼妻"的一次又一次诱惑；而只有当他兴起"四非常之念"后，才"鬼妻即灭，中心炅如"，而"四非常"就是由"缘起性空"引发出的佛教重要教义。

我们还必须指出的是："智慧度"在强调用"假有性空"的理论去观察认识一切现象的同时，也很强调所谓"度脱世人"的"方便"，即根据众生的不同根机，灵活采用各种方法手段，随机应变，以利于教化众生为最高目的。这是建立在大乘佛教普度众生，度世成佛的目标上的。我们所选的《儒童梵志本生》就含有这方面的内容。这实际上掺融了释迦佛应化的传说。而长者子贤乾以微柴插地自称是"立刹"，被诸天瞧不起，"凡庶竖子，而有上圣之智乎？"而诸天则"辇众宝"而"于上立刹"。其结果是诸天在"儒童作佛"之时授决，而长者子则在佛说是经时授决，根机不同，授决方式、时间也都有异。

其实比较通俗地说，智慧就是要通达世间和出世间的一切事理。而作为修"菩萨行"的菩萨，还要帮助众生也做到这一点，他要深入人间，他要教化众生，这就要求修行者首先必须有博大的学识，如要随缘疏导，他就应该博览经典，多闻法要，才能了知宇宙之本体，及万法之善恶邪正之事相，才能通达万法之实相，以进于解脱门。

我们一般人所理解的智慧，作为辨析判断、发明创造的能力，经常与"聪明"等是同义词，这是世俗人所能有的。而佛教的"智慧"却非世俗之人所能有，它是成佛所需的特殊认识。只有佛的"般若"（智慧）才能超越世俗认识，把握诸法真如实际。

然而，这种非世俗人之所能有的"特殊认识"，却又扎扎实实地建立在世俗之人的一般智慧之上。只有能够广泛研习世间、出世间一切学问和技术的修行者，才可谓佛"智慧"的获得，更何况菩萨还要深入世俗人间，用种种"方便"，随机度人呢？如此，智慧也就与我们的生活密切相关了。即使我们排除了其宗教内涵来理解的话，从菩萨的"智慧"看，我们也可得到很多启示，而最主要的有二点：其一，要广泛学习，全面了解知识学问。我们的佛祖释迦牟尼自幼就从婆罗门的学者们学习文学、哲学、算学等，智识很广博。又从武士们学习武术，是一个骑射击剑的能手。没有这样的基础，他后来获得"无上正等正觉"也不一定可能吧？所以悉达多太子是我们的榜样。其二，要善于导人。当释迦牟尼得道成佛后，四十五年中为了弘法传教，席不暇暖地奔走，足迹踏遍了恒河两岸。他传教的对象，包括当时社会各种姓和各阶层。他传教的方式又灵活多样，在不同的场合，针对不同的对象，用偈颂、散文、故事、譬喻等各种形式，宣讲佛法。这就是"方便"说法，是"智慧"的又一体现，从这个方面看，释迦世尊也是我们的榜样。现代人要努力学习掌握各种智识，变得聪明有智慧，从而能成为一个在现代文明、进步、科学的生活里对社会有用的人，同时还能将自己的所学所用传授给更多的人，使社会、时代发展得更为迅速，这是我们从"六度""智慧"中所能得到的最基本的启示了。更何况它本来是用于考察人生和宇宙诸现象的特殊认识和思维方法呢？

我们可以用一个最简单的表，勾勒"六度"法门：（见下表）

六度法门简表
- 1 布施
  - 财施
  - 法施
  - 无畏施
  } 度悭贪
- 2 持戒
  - 止持戒（止恶）
  - 作持戒（作善）
  } 度毁犯
- 3 忍辱
  - 忍苦难
  - 忍耻辱
  } 度嗔恚
- 4 精进——精励身心，精修大行——度懈怠
- 5 禅定——心虑集中观想佛理——度散乱
- 6 智慧——通达诸法体性本空——度愚痴

而关于修习的次第，根据《解深密经》："若于身财无所顾吝，便能受持清净禁戒；为护禁戒，便修忍辱；修忍辱已，能发精进；发精进已，能办静虑；具静虑已，便能获得出世间慧。"而"六波罗蜜多"又都有各自的果报，如布施得富足报，持戒得善趣报，忍辱得欢喜报……然而，各类"波罗蜜多"又可互相摄持。如修布施时，防非止恶即持戒，忍受怨苦即忍辱，勇于施舍即精进，意念不乱即静虑，了达业果即智慧。余可类推。即使在我们所选的故事中，也有不少地方能体现出这一点，读者可以在阅读中细细体会。

通过以上简析，我们可以知道：作为六类出此岸世界过渡到彼岸世界的途径的"六波罗蜜多"，是在以个人修习为中心的戒、定、慧三学的基础上的相应的

扩充，因它以"自利化他"为总纲，所以，修习"六度""菩萨行"就具有了广泛的社会内容。修"菩萨行"的菩萨们，以六波罗蜜作为舟航，在无常变化的生死苦海中自度度人，功行圆满，直达涅槃彼岸，最后成佛。而成佛即是得大解脱、得大自在，永远常乐我净。菩萨成佛之前，学佛度众生，以度众生为修行佛道的中心课题，成佛之后还是永远地在度众生，这就是大乘佛教的中心思想。所以，有些"行菩萨道"的菩萨，即是在自己成就以后，也不忙着进入涅槃，还要"回入尘劳"之中，"怨亲平等"地救度一切众生。

如我们非常熟悉的中国的四大菩萨之一的地藏菩萨，曾受释迦牟尼佛感召，发心救度地狱的众生，永远做"幽冥教主"，使世人有亲者，皆得报本荐亲，共登极乐世界。地藏菩萨受此等重托，于是在佛前发了大誓愿，一定要度尽六道众生，拯救他们的各种苦难，直至地狱已空，再没有一个"罪鬼"受苦，自己再升级成佛。地藏菩萨的道场——"仙城佛国"的九华山，有相传是地藏菩萨成道处的"肉身塔"，塔北门廊下有一副对联，写着地藏菩萨的大誓愿"众生度尽，方证菩提；地狱不空，誓不成佛"。突出体现了菩萨决心度脱一切众生的崇高精神。

另一位也是大家熟悉的观音菩萨的近侍——龙女。

她本是"二十诸天"之一的娑竭罗龙王的女儿。她自幼智慧通达,年方八岁时,偶听文殊菩萨在龙宫说法,顿然觉悟。遂至灵鹫山礼拜释迦牟尼,以龙身成就佛道。她从怀中取出价值三千大千世界的宝珠献佛,随后当众"忽然间变为男子,具菩萨行,即往南方无垢世界,坐宝莲花,成等正觉"。龙女成佛后,为辅助观音普度众生,又现童女身,成为观音菩萨的侍从。突出体现了永远度众生的大乘佛教的中心思想。

"六波罗蜜多"具有广泛的社会内容、积极的人生意义,如果大家都能学菩萨行,行菩萨道,用"六度"来要求自己、衡量自己,大家就能自觉地建立起高尚的道德品行,积极地建设起助人为乐的精神文明,既有利于国家,也有利于社会,世界就会变得非常美好,人间也会变得像佛经里所描绘的"净土"一样,那就是我们共同所为之奋斗的人间净土。

让我们每一个善良的人为了这崇高的目标而精进努力吧!

参考书目

一般书籍

1.《佛教常识答问》，赵朴初著，中国佛教协会印行。

2.《中国佛教通史》第一卷，镰田茂雄著，关世谦译，台湾佛光出版社印行，一九八五年版。

3.《佛教史》，杜继文主编，中国社会科学出版社，一九九一年版。

4.《佛教与中印文化交流》（东方文化丛书），季羡林著，江西人民出版社，一九九〇年版。

5.《中国佛教与传统文化》，方立天著，上海人民出版社，一九八八年版。

6.《佛教与中国文学》（中国文化史丛书），孙昌武著，上海人民出版社，一九八八年版。

7.《佛教与中国文化》(文史知识文库),《文史知识》编辑部编,中华书局,一九八八年版。

8.《佛教文化面面观》,中国社科院世界宗教研究所佛教室编,齐鲁书社,一九八九年版。

9.《佛典·志怪·物语》(东方文化丛书),王晓平著,江西人民出版社,一九九〇年版。

佛教典籍

1.《一切经音义》,唐·慧琳撰。上海古籍出版社,一九八六年版。

2.《六度集经》,三国吴·康僧会译。《大藏经》第三册,本缘部上。

3.《高僧传》,梁·慧皎撰。《大藏经》第五十册,史传部二。

4.《出三藏记集》,梁·僧祐撰。《大藏经》第五十五册,目录部全。

5.《经律异相》,梁·宝唱等集。《大藏经》第五十三册,事汇部上。

6.《法苑珠林》,唐·道世撰。《大藏经》第五十三册,事汇部上。

7.《生经》,西晋·竺法护译;《菩萨本生鬘论》,

宋·绍德慧询等译；《大方便佛报恩经》，失译附后汉录；《佛说菩萨本行经》，失译人名附东晋录；《长寿王经》，失译经人名今附西晋录；《佛说顶生王因缘经》，宋·施护等译；《太子墓魄经》，后汉·安世高译、西晋·竺法护译；《太子须大拏经》，西秦·圣坚译；《菩萨睒子经》，失译人名附西晋录；《睒子经》，西秦·圣坚译；《佛说九色鹿经》，三国吴·支谦译；《佛说鹿母经》，西晋·竺法护译。《大藏经》第三册，本缘部上。

8.《僧伽罗刹所集经》，苻秦·僧伽跋澄等译；《撰集百缘经》，三国吴·支谦译；《贤愚经》，元魏·慧觉等译；《杂宝藏经》，元魏·吉迦夜共昙曜译。《大藏经》第四册，本缘部下。

出版后记

星云大师说："我童年出家的栖霞寺里面，有一座庄严的藏经楼，楼上收藏佛经，楼下是法堂，平常如同圣地一般，戒备森严，不准亲近一步。后来好不容易有机缘进到藏经楼，见到那些经书，大都是木刻本，既没有分段也没有标点，有如天书，当然我是看不懂的。"大师忧心《大藏经》卷帙浩繁，又藏于深山宝刹，平常百姓只能望藏兴叹；藏海无边，文辞古朴，不让人望义却步。在大师倡导主持下，集合两岸近百位学者，经五年之努力，终于编修了这部多层次、多角度、全面反映佛教文化的白话精华大藏经——《中国佛教经典宝藏》，将佛教深睿的奥义妙法通俗地再现今世，为现代人提供学佛求法的方便途径。

完整地引进《中国佛教经典宝藏》是我们的夙愿，

三年来，我们组织了简体字版的编审委员会，编订了详细精当的《编辑手册》，吸收了近二十年来佛学研究的新成果，对整套丛书重新编审编校。需要说明的是此次出版将丛书名更改为《中国佛学经典宝藏》。

佛曰：一旦起心动念，也就有了因果。三年的不懈努力，终于功德圆满。一百三十二册，精校精勘，美轮美奂。翰墨书香，融入经藏智慧；典雅庄严，裏沁着玄妙法门。我们相信，大师与经藏的智慧一定能普应于世，济助众生。

东方出版社